"海峡两岸开漳圣王文化"系列

开漳圣王文化撷英

陈　诠　江焕明　阎　铭　著

感谢

全国台湾研究会副会长汪毅夫教授为"海峡两岸开漳圣王文化"系列丛书作序

全国政协委员、中国和平统一促进会香港总会会长姚志胜博士的大力支持

总 序

汪毅夫

随着《陈元光名句赏读》出版，由陈诠先生主编的印刷精美、内容丰富的"海峡两岸开漳圣王文化"系列就成套出齐了。

这套丛书包括《海峡两岸开漳圣王文化史料集》（开漳篇、血缘篇、诗赋篇）3本，以及《海峡两岸开漳圣王庙宇楹联集》、《开漳圣王文化撷英》和《陈元光名句赏读》，凡6本、160余万字。丛书收罗宏富，编选精审，是海峡两岸开漳圣王文化研究的最新、也是集大成的成果，具有相当高的学术水准和应用价值。我们可以预期，丛书将有助于弘扬中华传统文化，发挥乡土文化的感染作用；密切两岸同胞及海外乡亲的联谊，增进血缘亲情的纽带作用；践行社会主义核心价值观，增强先贤典范的激励作用；促进两岸同胞心灵契合，促进祖国和平统一进程。

丛书的主要成绩在于史料收集。譬如，《开漳篇》，汇编陈元光开漳之前、入闽平乱、建漳基业等方面的史料，全书50多万字；《血缘篇》所展现的漳台血缘关系，是从漳台两地1000多部族谱整理出来的；《楹联集》所载史料，是从两岸数百座开漳圣王庙宇实地收集、拍摄的数千条资料和照片选出。丛书收集的史料，或可补志乘缺失。当然，在文化研究方面，凭据史料系统、完整地描述和论述开漳圣王文化也是丛书的一大亮点。

丛书再次展现了漳州地方文史工作者的学术实力。

（作者系全国台湾研究会副会长、厦门大学台湾研究院讲座教授）

前 言

经过4年多的努力，我们编写出版了《海峡两岸开漳圣王文化史料集》4册（开漳篇、血缘篇、诗赋篇、信仰篇），以珍贵翔实的史料，回答开漳圣王文化"是什么""有什么"。在此基础上，我们选取思想道德、家族家风、民情习俗等方面的史料进行研究，揭示其文化内涵，回答其"文化价值与作用"，汇集成《开漳圣王文化撷英》。如果把开漳圣王文化比喻为一座文化殿堂，那么《海峡两岸开漳圣王文化史料集》4册就是文化殿堂的4根支柱，《开漳圣王文化撷英》则是殿堂中的楹联与匾额，彰显开漳圣王文化的精华与现实意义。当然，这本《开漳圣王文化撷英》仅是阶段性成果，我们将深化对有关史料的研究，形成新的成果。

本书内容分三辑。第一辑"开漳圣王之盛德"，从思想道德的角度，阐述陈元光的道德情操和开漳圣王文化所凝结的中华文化基因。第二辑"开漳姓氏之传芳"，从家族家风的角度，介绍部分开漳历史名人的思想与功绩，叙述其世代传承的优良家风。第三辑"开漳史迹之古韵"，以现存的部分开漳古迹和民俗活动的实地照片，印证开漳文化的历史底蕴与传承，凸显其历史沧桑的韵味。本书图文并茂，配有照片百多幅，与文契合；并以新颖的版面，让读者在赏心悦目的阅读中，感悟开漳圣王文化的真谛，启迪智慧。我们期望本书为传承开漳圣王文化、弘扬中华文化发挥积极的作用。

本书的出版印刷得到厦门大学出版社和漳州市桥南印刷有限公司的大力支持，在此表示诚挚的感谢！

本书由陈诠策划并撰写第一辑，江焕明和阎铭撰写第二、第三辑。由于我们的研究还不够深入，加之水平有限，书中难免存在错漏，恳请大家指正。

陈诠
2017年12月

目 录

第一辑 开漳圣王之盛德

一、元光之光 护国安民　3
二、元光之忠　13
三、元光之孝　21
四、元光之文　27
五、元光之勇　35
六、元光之齐家　43
七、元光之治郡　49
八、千年传说 礼赞元光　57
九、元光精神 世代传承　67

第二辑 开漳姓氏之传芳

一、五世开漳 世传英灵　76
二、朱熹高弟 理学真儒——陈淳　84
三、《俊美陈氏家谱》浅析　92
四、开漳周氏名第扬　102
五、芗江流芳开漳林　112
六、板桥林家 泽润两岸　120
七、坤德开漳垂赞范　128
八、开漳许氏 漳台传芳　136
九、墨场桥头开漳卢　146
十、辅郡双雄 马李二将　156
十一、墨溪文星耀千年　164
十二、尊崇开漳文化的白石丁氏　172

第三辑 开漳史迹之古韵

一、自然风光之神韵　184
二、人文景观之风韵　194
三、民俗风情之文韵　220

开漳圣王之 威德

一、元光之光　护国安民

二、元光之忠

三、元光之孝

四、元光之文

五、元光之勇

六、元光之齐家

七、元光之治郡

八、千年传说　礼赞元光

九、元光精神　世代传承

　　本辑以史料为基础，以"修身、齐家、治国、平天下"为主线，系统阐述陈元光精神所凝结的中华文化基因。用"元光之光　护国安民"开篇，彰显元光为国为民的思想，并以此贯穿元光之忠、孝、文、勇、齐家、治郡等各篇之中，用"元光精神　世代传承"作结，首尾呼应，表达元光精神将代代传承，光耀千秋。同时，选摘元光诗赋文表和《开漳圣王护国安民武德真经》中富有思想性、哲理性的格言，以"元光妙语佳句"列于每篇之首，既突显元光的道德风范，也便于大家赏读励志。

盛德世祀——唐玄宗皇帝为诏立漳浦威惠庙牌坊御题之辞

高封祀典，开漳圣王——清乾隆皇帝赐漳浦威惠庙宫灯御题之辞

一、元光之光　护国安民

　　一千多年来,"开漳圣王陈元光"屡受朝廷加封,广受百姓朝拜,并随大批闽南人迁徙而迁播台湾以及东南亚等地供奉,绵延不断;以陈元光为代表形成的开漳圣王文化,世代相传,历久弥新。这一文化之所以有如此巨大的影响力,是因为它始终闪耀着"护国安民"的光辉。

（一）开漳圣王文化的内涵

唐总章二年（669年）陈元光随父陈政奉诏入闽平乱，父逝后袭父职，领兵平息了闽粤边寇患。垂拱二年（686年），陈元光奏准创置漳州，为首任漳州刺史。从此在闽粤边诞生了一个新州郡——漳州，掀开了闽南大规模开发的历史篇章。陈元光以其雄才大略，领导中原移民和当地民众同舟共济，艰苦创业，使千古蛮荒之地，成为"扼闽粤之吭，开千百世衣冠文物"的八闽名邦之一。同时，为区域文化的形成奠定了重要基础，如州郡治理与"军屯"建设的军政管理体系；推广先进农耕技术、扶持农工、轻徭薄赋等发展经济的措施；实行"唐化里"促进汉蛮民族融合；办书院、兴教育、传播中原文化，形成闽南话；兴起诗词唱和，传播戏曲、舞蹈、音乐等文学艺术；传承宗教信仰，移植民俗风情等等。这是开漳圣王文化、也是闽南文化形成的重要基础。综观开漳圣王文化的形成、发展和传承，可以作这样的归纳：

开漳圣王文化源于中华文化，是闽南文化的主要根基和重要组成部分。

开漳文化、血缘文化、信仰文化是开漳圣王文化的主要内容，血缘与神缘紧密结合是其鲜明特色。

护国安民是开漳圣王文化的核心价值。

开漳圣王文化展现海峡两岸同胞同血缘、共神缘、一家亲；展现海外华侨华人与祖地的血脉亲情。

以上概述揭示了开漳圣王文化是一支底蕴深厚、内容丰富、具有普世价值和重大作用的区域文化。

（二）开漳圣王文化的核心价值

护国安民，是开漳圣王文化的核心价值。它贯穿于开漳圣王文化形成、发展、传承全过程；展现在平乱开漳、血脉传衍、诗赋文表、信仰传承各方面。

1.平乱开漳，彰显"护国安民"的历史功绩

陈政、陈元光子孙六代人承前启后，领导中原移民和当地民众绘就一幅光辉的历史宏图，主要功绩有：平乱开漳，安边护国。实现了唐王朝绥靖与开发东南边陲的战略目标，加强了中央政权的控制与管理，巩固了民族团结与国家统一。寓兵四境，稳定南疆。为彻底根除闽粤边寇患，保境安民，陈元光分别在州郡的四境建立四个行台，派兵驻守，寓兵于农，既巩固了疆防，又保障了供给。发展农耕，养民生息。大力拓土屯田，兴修水利，推广中原先进技术，实行均田政策，轻徭薄赋，扶持农工，活跃了地方经济。文教法治，传承文明。陈元光认为，"兵革徒威于外，礼让乃格其心"，主张以教化安民，大力兴庠序，传播中原文化，从而出现了"化蛮獠之俗为冠带之伦"，为漳州成为文风昌盛的历史文化名城打下了坚实的基础。安抚蛮民，和集百越。在平乱中，正确处理严惩首恶与安抚胁从的关系，对归附的蛮民实行"唐化里"的"区划自治"，协助偏远山区的蛮民族群"开山取道，剪除荆棘，遣士人与化之"。同时，实行迁民落籍、汉蛮通婚等民族政策，融合了闽粤地区的民族关系。总之，平乱开漳实现了大唐东南边陲的稳定，促进了闽粤地区的开发与繁荣。这也集中体现了陈政、陈元光护国安民的思想与历史功绩。

2.血脉传衍，展现"护国安民"的民族情怀

唐初，随陈政、陈元光和随魏妈两批入闽的中原将士及家眷有87姓、上万名，他们落籍漳州，繁衍生息，其后裔成为闽南人口的主体，并不断向台、港、粤、琼、赣、浙及海外迁徙。据了解，目前台湾2300万人口中祖籍漳州的近千万人，有113个姓氏，其中绝大多数是开漳后裔。这就形成了漳州与台湾及海外漳籍族群血脉传承的链条。这些闽南移民，不管走到哪里，都始终眷念故乡的文化。他们修族谱、建宗祠、宗亲互助、寻根谒祖，代代相传。由此形成了一条中华文化从唐初进入闽南而后传播台湾以及海外的民族文化传承的链条。这是开漳姓氏及后裔谱写的血脉传衍篇章，也折射出护国安民的思想光辉：万里提兵，平定啸乱，落籍蛮荒，开创新邦，展现了英勇的民族气概；汉蛮通婚，融合发展，体现了博大的民族情怀；兴办教育，传播文化，弘扬了光辉的中华文明。从家族的传衍与贡献看：陈元光家族的功勋最突出：祖母魏敬率援军南下辅佐子孙，卒葬南疆；父亲陈政殁于任上，两位伯父病逝于入闽征途中；自己身先士卒，血染沙场；儿子陈珦、孙子陈酆、曾孙陈谟先后担任漳州刺史，勤政为民，卓有建树。这一切充分展示了陈元光及家人都是"护国安民"的坚定实践者和贡献者。

3.诗赋文表，抒发"护国安民"的真挚感情

陈元光不仅是政治军事家，还是位情感丰富的诗人。他留下的《龙湖集》，收存诗50首、赋3篇、表2篇。这是一部平乱开漳的史诗，洋溢着诗人坚定的报国之志，造福于民的殷切之情，清廉为政的坦荡之心，闪耀着护国安民的思想光辉。建功于国，无私无畏。陈元光13岁入闽，在这蛮荒之地征战创业40多年，其报效国家的豪情壮志与功绩，感人至深。如"马皮远裹伏波骨，铜柱高标交趾惊"，气贯天地。"玉铃森万骑，金鼓肃群雄"，展示诗人率领"正义之师"为国而战的威武气势。"公忠岂古饶""移孝为忠

吉",表现了诗人对国家忠贞不渝的情操。造福于民,尽心尽力。"男生女长通蕃息,五十八姓交为婚"。陈元光不仅自己带头而且鼓励部属扎根边陲,以促进汉蛮融合,实现南疆的繁荣稳定。他既关心群众生产生活,又重视民众思想文化的提高,如对蛮民"导化动琴樽""日将山獠化编民"等。清廉为政,严于律己。"天颜严咫尺,夙夜敢荒淫",直抒忠心耿耿、鞠躬尽瘁的胸襟。陈元光不仅勤政为公,而且严格要求自己的子女与部属。在给儿子的诗作《示子珦》中,既谈自己的经历与责任,又要求儿子"愿言加壮努,勿坐鬓霜蓬"。这是一个身教重于言教的典范。他告诫部属,"败事诚因酒,增高必自陵"。这些精美的诗句,是陈元光"持清净以临民,守无私以奉国"思想的真实表达,也是富有教育意义的警句格言。

4.信仰传承,表达"护国安民"的继承弘扬

陈元光平乱开漳功勋卓著,殉职后,被感恩戴德的民众崇敬朝拜,立庙供奉。历代朝廷加封褒崇,封号有"临漳侯""灵著顺应昭烈广济王"等,赐庙额"威惠",被尊为"开漳圣王"。陈元光子孙六代和将佐在平乱开漳中也有功于国家和人民,同样得到了民众的朝拜,从而形成了开漳圣王信仰系列。陈元光成为闽南人的"共祖""共神",大批移民外地的闽南人也把他作为保护神,分香朝拜。据了解,现在漳州有"开漳圣王"庙300多座,台湾也有300多座,福建、粤东、浙南、赣南等地以及东南亚等国也有其庙宇。海内外"开漳圣王"信众超过2000万人,其中台湾信众有800多万。开漳圣王被尊为"闽台圣宗"。这种血缘文化与信仰文化紧密融合的文化现象,是开漳圣王文化最具特色、最有影响的亮点与魅力。现在,每年回漳寻根朝拜的台湾和海外乡亲都有数百批、数万人次,场面感人,香火鼎盛。2006年以来,漳州市开漳圣王文化联谊会和台湾开漳圣王庙团发展协会及东南亚有关社团,分别在漳州、台湾以及新加坡、马来西亚、泰国等地召开六次国际开漳圣

王文化联谊大会，举行谒祖朝拜和文化交流，提升了开漳圣王文化的影响力。一千多年来，开漳圣王的封号不断提高，信众不断增加，传播范围不断拓宽，这充分说明，有功于国家和人民的先贤永远得到国家和人民的崇敬与感恩，他们的崇高思想永远得到肯定与弘扬。这在朝廷封号、志书评述、庙宇楹联中都有明确的记载：对陈元光的赐封，从唐朝到清朝有22次之多，封号由侯至王；唐朝诏立的漳浦威惠庙，还赐建"盛德世祀之坊"于庙前。在历代文献中，对陈元光都有众多赞誉，如明万历《漳州府志》记载，谥陈元光"忠毅文惠"。从海内外开漳圣王庙数以千计的楹联看，都是以赞颂开漳历史功绩、传承崇高思想道德为内容，如云霄威惠庙楹联："大启漳土永奠闽民但励忠勤二字，依旧云山维新庙貌缅怀功业千秋。"高雄市凤邑开漳圣王庙碑记："元光之光，非陈姓一姓之所私有，当以漳民之所有，非漳民之所有，当以台民之所有，非台民之所有，当宜国人之所共有。"这一切充分表明，"护国安民"这一开漳圣王文化的核心价值具有强大的精神力量。

（三）开漳圣王文化的弘扬

1.在弘扬中华传统文化中，发挥乡土文化的感染作用

开漳圣王文化与中华文化一脉相承，是中华文化百花园中富有地方特色的一枝奇葩。因此，我们应把开漳圣王文化的核心价值和群众喜闻乐见的人文典故，与弘扬中华文化紧密结合起来，增强人们的民族责任与情感。

2.在密切两岸同胞及海外乡亲联谊中，增进血缘亲情的纽带作用

开漳圣王文化展现开漳姓氏落籍生息、传

衍迁播的历史，拉近了台湾同胞和海外漳籍乡亲与祖地亲人的距离，激发了他们回漳寻根谒祖的热情。特别是《海峡两岸开漳圣王文化史料集·血缘篇》和《海峡两岸开漳圣王庙宇楹联集》等的出版，"漳台族谱对接网"等平台的建立，为漳籍乡亲对谱修谱、认祖联宗，提供了史料支持和查询方便。我们应在此基础上，进一步开展丰富多彩的宗亲联谊活动，为海峡两岸和平发展和海外联谊交流发挥积极作用。

3.在践行社会主义核心价值观中，增强先贤典范的激励作用

开漳圣王文化的精髓——护国安民，其本质与社会主义核心价值观是一致的。开漳先贤的事迹在闽南家喻户晓，具有生动形象的感化教育作用。因此，把弘扬开漳圣王文化与践行社会主义道德结合起来，对增强人们的爱国爱民思想，提升思想道德水平具有积极的作用。

4.在彰显漳州历史文化名城中，突出开漳文化的基础作用

漳州成为国家历史文化名城，其历史和文化与开漳圣王文化紧密相连。开漳为漳州的发展和漳州文化的形成奠定了重要的物质和人文基础。开漳文化所记载的开漳治漳功绩，所展现的对台对外祖地魅力，所彰显的漳州文化深厚底蕴，都承载着开漳历史信息。因此，弘扬开漳圣王文化将进一步增强漳州古城的历史文化厚重感和影响力，促进漳州加快发展。

梁山金刚峰

梁山

梁山脉出平和,逶迤至海,盘亘百里,其高千仞。志书称:"梁岳,闽中之望也。"位于漳浦县城西面的金刚山则更秀丽崇圆,"其峰之大者为金刚石,跨梁山之顶,其尖插天",气宇轩昂。梁山不仅景色宜人,而且典故动人:有晋朝葛洪所居之晋亭峰,南朝齐武帝赏名之齐帝石,梁山晶矿故址之水晶坪,陈元光平乱破蛮之遗迹等。梁山是一座览胜寻幽的名山胜地。

漳州古名山链接:

1. 九侯山。在诏安县境内。志书载:"九峰并列,中有石门、棋盘石、天然桥诸胜。"
2. 太武山。在龙海市境内。志书载:"太武山,高千仞,周回百余里,屹立海上,东望无垠,振衣其巅,漳泉二郡皆在目中。上有太武夫人坛。"
3. 董奉山。在长泰县境内。志书载:"董奉山,形如卓笔,上有丹灶、棋秤、琴室。相传仙人董奉尝游于此。"

梁山祥云

元光妙语佳句

忠勤非一日,箴训要三拈。

英英烈烈他虑无,舍生取义终不渝。

将者禀命,以统三军,以靖八镇,忠之为用,施之以迩,可保家邦,施之以远,可极天地也。

二、元光之忠

元光一生对国、对君、对民忠贞不渝,入闽平乱浴血奋战,开漳建州功勋卓著,谱写了光辉的护国安民历史篇章。

（一）忠之于国，舍身报国义无反顾

元光报国，始终如一。他放弃求学登第而入闽平乱，放弃为父守孝而领兵征战，放弃中原安定的生活而扎根边陲创业，最后舍身报国，其气节感天动地，其光辉照耀人间。元光生于将相之家、忠孝之门。祖父陈克耕系唐开国元勋，父亲陈政拜玉钤卫翊府左郎将归德将军，伯父陈敏、陈敷为中郎将怀远将军与右郎将云麾将军，皆有功于唐。在此家风熏陶下，元光从小就立志报国。当年仅13岁的元光领光州乡荐第一名时，其父奉诏入闽平乱，他毅然放弃求学登第的美好前程，随父出征。万里提兵，闯关平峒、突围解困、直抵南闽，表现出英俊少年的志气与才智。当父亲病逝于住所时，21岁的元光临阵受命，袭父职，担当起平乱的使命。他移孝为忠，领兵征战，屡败蛮寇，终于平息了闽粤边的动乱并使之趋于稳定。至此，元光没有班师回朝享太平，而是请建州县，稳固边陲，自己和家人扎根蛮荒之地，表现了报效国家的雄心壮志与大无畏的精神。在开漳治州的几十年里，他呕心沥血，拓荒固边，教化百姓，稳定社会，为闽粤地区的开发建设与东南边陲的长治久安，贡献了毕生的心血，而其最感人的壮举是以身殉国。元光突遇蛮寇残余偷袭，率轻骑讨之，血染沙场。当时百姓闻之如丧考妣，"相与制服哭之，画相祀之"。朝廷诏立庙、赐封号。明万历年间《漳州府志》载："以身殉国之谓忠，战胜攻取之谓毅，引荐善类文之谓也，普播仁恩惠之谓也……谥忠毅文惠。"殉国者，至尊也！

（二）忠之于君，维护朝廷统御权威

元光忠君爱国，融于"三个结合"。他把忠君与感恩朝廷、尽心履职结合起来。当朝廷诏准建漳并由元光任漳州刺史时，他深感责任重大与皇恩深厚。在上疏朝廷《谢准请表》中写道："人皆谓荣，臣独知惧。粉身未足报深恩，万死实难酬厚德。"表示要忠君奉国，勤政为民。进而又赋诗《望阙谢恩》，进一步抒发忠君之情。"天颜严咫尺，夙夜敢荒淫"，虽然远离京城，但皇上似在身边，怎敢不夜以继日地尽职效力。元光把忠君与彰显圣德、普施皇恩结合起来。他功勋显赫、百姓畏服，但从不居功自傲，而把功绩归于朝廷，认为自己只是把浩大的皇恩普施百姓而已。他在诗作中写道，"皇天监有光，边帅却非义"，"圣恩宏海陬，边臣效芹说"。皇上的光辉如高悬的明镜普照天下，使我这边陲之帅能打败敌寇。皇恩浩大遍及东南海滨，让我这边陲之臣能尽绵薄之力，深感荣幸。当南獠进献礼物以示归顺时，元光欣然赋诗《南獠纳款》，在獠民中展现自己对朝廷的忠贞，表达朝廷对南獠归顺的肯定和施予恩惠的态度。而且要"筮辰贡龙颜，表子躬逢吉"。选择一个吉祥的日子，把礼物进献朝廷，并上表表扬獠民，使之获得幸福吉祥。元光把忠君与维护国家统一结合起来。漳州地处东南边陲，天高皇帝远。元光家族五代人执掌漳州军政大权长达150多年，功高权重，百姓拥戴。但元光家族的每一代人，无论何时、何地、何事，始终对朝廷忠贞不贰，并要求部属、家人都要忠君为国，进而还祈求神明保佑。元光游潮州三山庙时作诗三首，其中写道："三山耀神德，万岁翊唐灵"，"相期翊国忠，我与三神契"。祈请三山神灵辅佑大唐国泰民安。在《龙湖集》中，元光抒写忠君为国的诗作占多数，包括歌颂、感恩、效力朝廷等内容。更让人称道的是，元光父逝后葬云霄山，后迁葬平和，其原因是元光有忠心无二心。这记载于明万历癸丑《漳州府志》卷十二："先是，葬父政于云霄山，有望气者指其茔域有王气。元光曰：'岂敢当此'。亟徙之大溪峰。"大溪峰在今平和县境内。可见元光忠君报国何其坚定。

（三）忠之于民，敬民亲民尽心为民

元光对民之忠，与忠君报国相统一，集中体现在开漳治州、造福一方的历史功绩之中。在此，进一步从思想上展现元光敬民为民的真情实感，归结到一点就是：与民同心。始终做到苦民之苦，乐民之乐，济民之需。百姓之苦，元光感同身受。面对因战乱而饱受困苦的百姓，元光心急如焚，既致力于建州县的根本之策，又祈请皇上赐福和神明保佑。他的诗作写道："愿皇钦福多，锡民无灾瘼"，"祈禳称世世，民社两无违"。愿皇上多赐福给百姓，祈祷神灵消除世人灾祸，让百姓过上安宁的生活。对孤弱老人等群体，元光常生慈悲之心，梦萦以怀。"怨女鸾孤来绕枕"，"老亲上冢孰温存"。嫁不出的及龄女子，失去妻子的男人，他们的影子常在我梦中缠绕。乡村老人去上坟有谁去安慰他们？我们要彻底消除动乱，改善百姓生活。看到偏远村落的苦难人群，元光直抒心意："迢遥天倡上，磊落野人群"，多么希望他们能过上像天堂一样的日子。当闽南遭遇大旱时，元光寝食难安："上帝将垂遗，边臣惊不宁。"他千方百计组织抗旱，并虔诚地向上天祈雨，感动了百姓，也感动了上苍，化解了灾情。百姓之乐，元光由衷欣喜。他看到百姓生活安定，生产发展，赋诗赞美，"农郊卜岁丰，帅阃和民悦"。统帅府与百姓一样，欢快地预祝丰年的到来。"山畲遥猎虎，海船近通盐"，"农唤耕春早，僧迎展拜钦。看看葵日丽，照破艳阳心"。这是元光对百姓生产热情的赞美之词。看到民众为幸福生活而欢歌时，元光与之同欢乐："晨昏童冠浴，夜静士民嬉。"这是多么美好愉快的官民同乐、军民同欢的景象。百姓之需，元光全力而为。他谋划运筹，鞠躬尽瘁，开创了漳州发展的新天地，开启了百姓美好的新生活。爱民者，民恒爱之。现存最早的正德《大明漳州府志》载："论曰，元光自唐垂拱二年开创此州，迄今八百余载，而民思之者如一日，其何故哉？盖元光于此州有启土之功焉，于此州有保民之惠焉，于此州有死事之忠焉，此民所以思之而不置也。"时至今日，开漳圣王文化世代相传，开漳圣王庙宇遍布海内外，香火鼎盛。这是百姓对元光的感恩之敬、崇德之敬、传颂之敬！

牛头山火山口

漳州火山岛

凝聚火山爆发的壮美与奇妙,展示海枯石烂的坚定与忠贞。

漳州火山岛遗址有漳浦的南碇岛、林进屿,龙海的牛头山。这是牛头山火山口遗址,灿石排列井然,被称为海上兵马俑。

元光妙语佳句

千古清漳水,居官显孝廉。

禄养生成忘义恩,不如鸡犬司门晨。

以积货财之心积学问,以求功名之心求道德,以爱妻儿之心爱父母,以保爵位之心保国家,如此则忠孝齐全,智德兼备矣。

三、元光之孝

　　元光一生传承、弘扬中华孝道文化,是诠释与践行孝道要义的典范。

（一）孝忠至上，忠君报国

元光报国至上的思想与功绩，在上文中已阐述，在此基础上从孝忠与孝亲的关系进一步加以深化。元光指出："移孝为忠吉。"这是对孝道真谛的深刻领悟，是富有哲理的孝道妙语。《孝经》曰："夫孝，始于事亲，中于事君，终于立身。"此乃孝道之要义，是孝亲、孝忠、立身有机统一的系统目标。既要忠孝双全，又要在两者不能兼得时以报国为重。唯人人孝忠，国家才能强盛，也才有条件实现自己的孝亲。唯有功于国家，才能得到社会的尊敬，进而实现扬名显亲。孝忠尽了，孝亲在其中。这是孝之大孝，孝之大吉。在居官与孝忠方面，元光提出："居官显孝廉。"这是元光孝道思想的又一亮点。其核心是，为官者要为国为民而非为己。要以孝道治理社会，以孝行引领风尚，以孝廉造福于民。元光既这样提倡又身体力行，成为传承孝道文化的典范。他在父逝后临阵受命，强忍失父、次年失母的悲痛，领兵平乱，稳定局势；他扎根边陲，建漳治州，鞠躬尽瘁，死而后已。这就是元光之孝忠，功显于唐，名扬千秋。

（二）孝亲至诚，敬亲报恩

血脉亲情、养育之恩是世上唯一不可割舍的血缘之爱，是唯一不可替代的报恩之情。《孝经》曰："身体发肤，受之父母，不敢毁伤，孝之始也。"也就是说，一个人最基本的孝行是从尊敬感恩自己的父母，爱惜父母给自己的体肤开始，以立身扬名、光宗耀祖为孝之终极。元光深知此理，从孝亲之心、孝亲之行、孝亲之义尽孝道，事父母。他指出："禄养生成忘义恩，不如鸡犬司门晨。"受君主之俸禄、享父母之养育，却忘了恩义，那还不如养鸡能司晨，养条狗会看门。不尽孝道者，不如鸡狗。他要求"怀恩报义成人伦，入有双亲出有君"。心中要牢记恩情与正义，以建立美好的人伦关系。进了家想到父母，出了家门想到的是人君。他还要求"以爱妻儿之心爱父母"。这是生动、深刻和直指人心的孝亲敬亲格言。世人往往对自己的妻儿关爱有加，而忽略对父母的理解与关心，更有甚者，对父母态度不好、脸色难看，就是孔子所批评的"色难"。子曰："今之孝者，是谓能养。至于犬马，皆能养。不敬，何以别乎？"可见，尊敬父母非常重要。因此，要以感恩之心、真诚之礼，想父母之所想，给父母之所需，乐父母之所乐，满足父母在物质和精神上的需要。这就是元光的孝亲之心，真诚纯正。而孝亲之行则坚定笃实。孔子曰："孝子之事亲也，居则致其敬，养则致其乐，病则致其忧，丧则致其哀，祭则致其严。五者备矣，然后能事亲。"元光循此理、践此行。他的诗作表达："行义显亲亲以尊"，"尊年须养老"等。要以人伦之义理、血脉之亲情孝敬父母，尊老养老。据史料记载，元光事亲真诚、周全。如他以支孙承重，葬祖母于半径山，结庐守制三年，并赋诗《半径题石》《半径寻真》等，歌颂祖母的功德，宣扬孝道的要义。这两首诗分别选入《全唐诗》和《全唐诗外编》。至于孝亲之义，是指坚持孝道要义，实现扬名显亲。对此，元光一以贯之，不仅自己功成名就，而且将此要义传承后代。从元光祭祀祖母的诗作看，他把敬亲祭祖作为子孙继承祖德、弘扬孝道文化的重要活动，使大家得到教育与励志。他祈请祖宗保佑漳州发展，也祈请保佑子孙奋发有为，报效国家。因此，忠孝家风在元光家族代代相传。

（三）孝道至尊，弘扬仁德

孝是中华民族的传统美德，治国安邦的法宝。"夫孝，天之经也，地之义也，民之行也。""教民亲善，莫善于孝；教民礼顺，莫善于悌；移风易俗，莫善于乐；安上治民，莫善于礼。"这是孔子对孝道宏旨的高度概括，对孝道治国的精辟阐述。元光对此推崇备至，既身体力行，率先垂范；又宣传教育，营造新风，让孝道要义在修身齐家、安边治郡中发挥重要的思想引领作用。他秉持"人之行，莫大于孝"的理念，创作大量的诗作，包括继承祖德、养亲事亲、孝忠孝亲、循以礼仪等内容，以生动形象的语言诠释孝道真谛，以亲和的感召力教化官员与民众。如诗作《语州县诸公》《落成会咏》叙述的是，元光以谈话的方式及庆典的机会，直抒心意，要与僚属一起以德治郡、孝行于民。对百姓的孝道教育，这几首诗尤为生动感人，《教民祭蜡》叙述了通过祭蜡的施行，让百姓懂得顺应自然，

遵循孝道礼仪。《修文语士民》要求士民持道德与法典之义，修身养性，培养良好的行为规范。《半径庐居语父老》借漳、潮二州父老来祭祀祖母的机会，表达在闽粤大地弘扬孝道文化的期望。这些举措，让漳州各族民众形成了慈孝仁爱、恩义忠孝、崇德行善的良好风气，促进了闽南地区的开发建设与繁荣发展。

云霄县魏妈文化园

魏妈文化园

　　位于云霄半径山。"魏妈"是人们对陈元光祖母的敬称。当年,魏妈率援兵入闽与陈政会合,平乱开漳,造福于民,广受供奉。元光一直得到祖母的教诲,与其恩深情重。祖母仙逝后,元光以支孙承重,葬祖母于半径山仙人峰下,自己在陵墓旁结庐守孝三年。其间写下了《半径寻真》《半径题石》《半径庐居语父老》等诗篇,表达对祖母的感恩报恩之情与弘扬中华孝道文化的意愿。

元光妙语佳句

敦伦开野叟，勤学劝生儒。

民风移丑陋，土俗转醍醇。

持身之道在立德。
处世之道在宽容。
立命之道在达观。

四、元光之文

　　元光崇尚、传承、弘扬中华文化。处蛮荒之地，开文明之风，是闽南文化的奠基人，漳州成为国家历史文化名城的开拓者。

（一）崇尚中华文化，立德立功立言

元光热爱中华文化，从小熟读经典，内化于心，外化于行，成就了立德立功立言的典范。他13岁领乡荐第一时所作的《圣作物睹赋》，以及《明王慎德·四夷咸宾赋》《四灵为畜赋》，表现出少年元光的天赋与运用中华文化的才能。中唐时左拾遗裴行立和后代汝宁刺史郑批词都给予很高的评价。左拾遗裴行立评："三赋神思英爽，词旨平敷。观其转旋经纬，雄挥壮健，练达老成……河南天地阴阳之和，此赋泄其英矣。"郑批词指出："斯子幼冲，乃精凝物情，雄挥辞语，行当黼皇猷，勒彝典，以作中州之瑞。拔冠本州，以观其年高德广。"及至平乱开漳，元光作《兵法射决》以及《请建州县表》等，其思想与文采更臻成熟，尤其是最后集成的《龙湖集》可称之为开漳史诗。这一系列著述，是元光运用中华文化而创作的经典作品，是以中华文化指导平乱开漳的经验总结，也是其立德立功立言的缩影。就立德而言，从元光的著作和人们的评价可看到，元光始终坚持"修身、齐家、治国、平天下"的理念，把立德作为为人处世的根本，建立功业的保障。他认为，持身之道在立德，处世之道在宽容，立命之道在达观。倡导人们做到：以积货财之心积学问，以求功名之心求道德，以爱妻儿之心爱父母，以保爵位之心保国家。而对纷繁复杂的自然与社会境遇，则倡导人们以豁达之心应对：天薄我以福，吾厚吾德以培之；天劳我以形，吾逸吾心以养之；天扼我以遇，吾行吾道以通之。指出，这就是人定胜天、安心立命之道。他不仅宣扬道德理念，而且率先垂范，引领道德新风。总之，元光所立之德是天人合一之德，是忠孝诚信之德，所成就的是知行统一、影响深远的道德楷模。元光之立功，集中表现在开漳建州伟业上，自己也因其建树而成为安边治郡的政治家、军事家，被尊为"开漳圣王"。至于立言，上述元光的著作就是标志，但更有意义的是，元光为闽南文化的形成做出了不可磨灭的贡献。

（二）秉持中华文化，开启文明新风

漳州，从初建时的蛮荒之地到被称为"海滨邹鲁"，再到如今的"国家历史文化名城"，其变化可谓翻天覆地，其发展可谓蒸蒸日上。这一切都与开漳建州打下的基础紧密相连。志书载：谥元光"忠毅文惠"，其"文"指的是"引荐善类文之谓也"。那么，元光如何用中华文化指导开漳建州？我们先来看《请建州县表》，其中写道："兹镇地极七闽，境连百粤。左衽居椎髻之半，可耕乃火田之馀。原始要终，流移本出于二州。穷凶极暴，积弊遂踰於十稔。元恶既诛，馀凶复起。法随出而奸随生，功愈劳而效益寡。抚绥未易，子育诚难。窃惟兵革徒威於外，礼让乃革其心。揆诸陋俗，良由职方久废，学校不兴。所事者搜狩为生，所习者暴横为尚。诛之不可胜诛，徙之难以屡徙。倘欲生全，几致刑措。其本则在创州县，其要则在兴庠序。盖伦理谨，则风俗自尔渐孚；治法彰，则民心自知感激。"这些言简意赅的文辞，贯穿着"为政以德"的儒家"德治"思想，是元光治理蛮荒之地的施政方略。他把教育作为治州首务，设置了专司教育的"文学"官员，以促进教育发展，振兴文化。元光深知"仓廪实则知礼节"，"导之以德，齐之以礼"对教育人的重要作用。他既对百姓赋予田地，授以技术，又让"礼义"格其心。通过创建"唐化里"、兴办书院、移风易俗等形式，进行伦理的宣传、引导、教育，使百姓明是非、知荣辱、行礼节。元光深知礼乐文化对陶冶人的特殊作用，积极传播中原的文化艺术，让百姓在喜闻乐见的艺术熏陶中，提升道德素养。从《漳州非物质文化遗产目录》看，我们可以想见当年文艺活动的热烈景象。如"南靖金山竹马戏"，由唐朝"跑竹马"演化而来。据传南靖县金山新村是元光之裔孙陈君用屯兵之地，因此，竹马戏还保存着中原的古风遗俗。"漳州大车鼓"是元光及部属从中原带来的，当时是为庆祝胜利而擂鼓助兴，而后成为流行于闽南、台湾一带的民间小戏。此外，元光还兴起诗作唱和，并用诗歌这一载体，创作教化民众的诗作，如《修文语士民》《真人操》《恩义操》《忠烈操》等，营造学文习礼的社会风尚。元光深知人才对社会发展的关键作用，他广开办学之路，广纳求学之人，礼贤下士，选贤任能，既扭转了世风顽俗，也为漳州长远发展奠定了人才基础。据统计，漳州从唐至清，科举考试中有837人考中进士（不包括武进士136人）。漳州第一位进士，唐朝周匡物是开漳周姓后裔。宋朝理学家陈淳，是陈元光后裔，朱熹晚年得意弟子，被誉为"朱门高弟"，著有《北溪集》等著作。至清朝，被称为"两帝师"的蔡世远、蔡新叔侄，是开漳蔡姓后裔。他们是两位皇帝的老师，蔡世远曾为雍正皇帝讲学答疑，并为诸皇子授课；蔡新曾任乾隆诸皇子的老师，也是嘉庆皇帝的老师。千百年来，漳州人才辈出，名作不断，文风昌盛。

（三）传承中华文明，奠基闽南文化

区域文化的形成与该区域的自然环境和社会发展紧密相连。闽南文化的孕育形成与开漳建州密不可分。虽然在唐代以前已有中原移民入闽，但其人口少，聚集度低，没有形成对当地土著文化的有力影响。漳州的建立，开启了历史上闽南第一次大规模的开发建设，同时从区域范围、人口族群、社会发展等几方面为闽南文化的形成奠定了坚实的基础。说起"闽南"的称谓，具有地域与行政意义的概念，当始于建漳，七闽新增漳州而成八闽。当年陈元光担任漳州刺史、岭南行军总管所管辖的区域，正是形成闽南文化的区域范围。时至今日，在闽的闽南方言和一些民间信仰的区域分布亦大体如此。从人口族群看，开漳建州奠定了闽南人口聚集的基础：府兵落籍，招徕散亡，吸引移民，人员交流，促进了闽南人口的集聚与增加。特别是中原移民整个家族的迁入以及族群的壮大，使中原移民成为闽南人口的主体。从社会发展看，闽南文化凝结了开漳建州的经验与中华文化的元素，在此举其三例：其一，创立闽南文化的主体是中原移民，他们的思想、文化、习俗都带着中华文化的印记。他们既把中华文化传播于闽南大地，又总结了闽南开发建设的重大历史实践。由此形成的闽南文化自然传承了中华文化的文脉，又具有区域文化的特色。其二，闽南方言是闽南文化的重要载体，这同样与开漳建州紧密相连。据专家学者研究认为，闽南话是以族群互动为基础、长期语言演化的产物。唐初的征战、屯垦则直接促成闽南话的定型。其三，宗族与乡土观念浓厚是闽南文化的显著特征。中原移民落籍闽南，往往举族迁徙，聚族而居，以应对恶劣的环境。这就巩固了血缘关系，强化了血脉宗亲的传统观念，形成了敬祖睦宗与具有宗族特点的民间信仰。这种文化形态是闽南文化的一个鲜明特色，也是连接海内外乡亲的血缘文化纽带。至今，迁居台湾及海外的漳籍乡亲，仍传承建宗祠、修族谱、宗亲互助、回漳谒祖的传统，血脉亲情源远流长。总之，开漳建州为闽南文化的形成打下了坚实的物质与人文基础，元光作为闽南文化的奠基人当之无愧。

开漳圣王文化撷英

漳州文庙

漳州文庙

位于漳州城,已有970余年的历史,是漳州作为"海滨邹鲁"、国家历史文化名城的一个亮点。开漳之始,陈元光就把教育作为治州首务,设置专司教育的"文学"官员,由儿子陈珦在漳创办全国最早的书院——松洲书院,传播文明,振兴文化。自唐至清,漳州考中进士的有837人,武进士136人。千百年来,漳州人才辈出,佳作不断,文风昌盛。

元光妙语佳句

玉铃森万骑,金鼓肃群雄。

马皮远裹伏波骨,铜柱高标交趾惊。

自古良将,居则有礼,动则有威。进不可挡,退不可追。

五、元光之勇

元光13岁随父入闽平乱,父逝后袭父职,领兵平息了"蛮獠啸乱",在闽粤征战建功40多年,是集义勇、智勇、献身之勇为一身的大唐儒将。

（一）正义之勇，除寇平乱

真勇者，义当先。孔子曰："见义不为，无勇也。"又曰："君子义以为上，君子有勇而无义为乱。"元光以正义之勇，实现了平乱建漳之伟业。他从13岁随父出征到开漳建州，浴血奋战几十年，无论何时何地何战，始终以义为统领，英勇顽强，不辱使命。如，在唐军遇阻被困九龙山的危难时刻，元光镇定自若，助力父亲，和母亲一起以"英雄死义无求生"劝导大家，鼓舞士气，坚定信心，从而使唐军在断粮缺药的深山老林里，坚守数月；又在会合援军后，突破重围，直抵南闽古县地，开启平乱的新阶段。在潮阳落陷、潮州被围的两次紧急关头，元光两次率军入粤，横扫蛮寇贼兵，收失地，破围城，扬军威，粉碎了蛮寇的有生力量。这是以义攻坚克危之勇。而打造正义之师，则是元光正义之勇的又一重要体现。作为岭南行军总管，元光坚持以义率兵，正己为先。他提出为将者要有为将之形象：忠君爱国，将之本；智决戎机，将之明；立信三军，将之纬；仁民爱卒，将之经；勇不畏危，将之格；严若秋霜，将之型。元光以此作为自己的行为准则，践行不悖，树立起光辉照人的将帅风采。元光爱兵如子。他认为：仁民守自固，爱卒攻自锐。守固攻锐，胜在其中矣。他与士卒同甘共苦，打成一片，彰显"正义之将"的感召力与威望。如他的诗作《晚春旋漳会酌》就描写了官兵共饮胜利酒，士卒欣喜纵马行的欢乐景象。元光坚持"上下同欲者胜"的理念，以为国平乱、为民造福之义，统一军队步调，激励官兵为正义而战，为正义而献身。因此，元光所率之师，士气高昂，军纪严明，所向披靡。在闽粤的长期征战中，无论是闯关夺隘之搏斗，平峒除贼之火并，还是屡败蛮獠之激战，破敌万人之冲杀，始终保持正义之师、威武之师、胜利之师的光辉形象，为大唐东南边陲的稳定与发展做出了卓越的贡献。

（二）智谋之勇，屈敌化友

智谋之勇的核心是以最小的代价取得最大的利益，如"不战而屈人之兵，善之善者也"。元光从小熟读兵书，领会兵法，运用自如，又善于总结，著有《兵法射决》。对此，明正德《大明漳州府志》载："元光通儒术，习韬略，所著《兵法射决》与《黄石公素书》及《太公韬略》相表里。"他用兵打仗艺术高超，善于依形、依势、依人、依时运筹部署，又善于谋略造势，奇正应对。从现有的史料、传说和《龙湖集》的记载，可以大致梳理其成功的战法：集中兵力，阵战屈敌；诱敌出峒，分而击之；乔装深入，袭击敌寨；利用地形，火攻歼之等，从而有效地打击贼寇，又最大限度地减少双方的伤亡。即便如此，元光还一再表达，用武非好战，希望不用动武而能取胜。他把握人心向背这一决定战争胜败的关键。在两军对垒时，以灵活策略，争取人心，瓦解蛮寇。如严惩首恶，宽大胁从，对归顺者授予田地，施以技术，安定其生活，从而化解对立面，团结大多数。他广施仁政，让百姓休养生息，散亡游民落籍生产，保障了百姓生计，从而铲除引发敌寇的基础。他用坚强的军事护卫、各族百姓安居乐业的社会基础，实现了闽粤地区的长治久安。

（三）献身之勇，尽忠报国

据明万历《漳州府志》载："已而，蛮寇苗自成，雷万兴之子复起于潮，潜抵岳山。公率轻骑讨之。援兵后至，为贼将蓝奉高所刃而死。"这一壮举，集中展现了元光的忠与勇，是元光从小立志，一生忠毅的结晶。检阅史料记载，我们深深感受到，元光所坚守的为国为民思想和效法圣哲先贤的意志。从《开漳圣王护国安民武德真经》中，我们可以清楚看到，元光以历史上众多护国骁将作为激励自己和士兵的榜样：北周的斐果，年少神勇，被誉为"黄骢少年"；后汉的公孙瓒，机警威武，护边神勇；晋朝的祖逖，自请统兵北伐，收回失地；北齐的高励，英勇无比，制敌于战乱之中；以及三国的著名将领赵云、张辽，唐朝的薛仁贵等，都是元光尊崇、学习的英雄。这些壮举的激励与舍身取义思想的结合，使元光产生强大而刚毅的报国力量。"马皮远裹伏波骨，铜柱高标交趾惊。"这是元光诗作中最具代表性的报国誓言，要以东汉伏波将军马援为榜样，立志战死沙场，平定岭南，报效国家。是啊！若无忠君报国的思想，哪能在危急关头气压群寇，置生死于度外；若无爱兵如子的精神，哪能一马当先，横扫凶顽；若无智勇双全的将才，哪能处变不惊，指挥泰然。元光的思想与功绩感天动地，让人崇敬。千百年来，历代朝廷对元光加封褒崇，封号由侯至王；历代著述笔不绝书，赞美之辞感人肺腑；历代民众对元光的感恩、传诵、祷祀更是连绵不断。为国为民献身者，永生于国家和人民的心中！

开漳圣王文化撷英

将军山公园

将军山公园

将军山古名云霄山，位于云霄县城西侧，因唐归德将军陈政葬于此山而得名。将军山公园在将军山下，按唐代建筑风格设计建造。园内楼阁厅廊、水榭亭台格调高古，气势恢宏而淳美秀韵，将盛唐遗风与闽南山水融为一体。公园大门—归德楼—揽胜台三点一线，与将军山麓的"陈政墓园"相接，开漳历史文化中心等错落有致。这是朝圣谒祖的场所，访古揽胜的景点，对台对外文化交流的基地。

元光妙语佳句

载笔沿儒习,持弓缵祖风。

勤劳思命重,戏谑逐时空。

饱暖损志,淡泊全真。时时培元气,其人必寿。念念存好心,其后必昌。

六、元光之齐家

　　元光继承忠孝家风建功立业，又传子孙发扬光大。其家族六代人平乱开漳、建州治郡150余年，丰功伟绩世代传颂，修身齐家亦成楷模。

（一）忠孝双全，齐家之宝

家之兴在德，德之要在忠孝。忠孝之家必定是敬亲和睦之家，爱国为民之家。对此，元光世家作了最好的诠释。祖父陈克耕开唐有功，祖母、父亲和两位伯父献身于平乱之中，元光至曾孙开漳治州功勋卓著。一家六代人，一百多年平乱开漳，名扬于世，这在历史上是少有的；一家七代人受朝廷赐封28人，元光封号由侯至王，这在历史上也是少见的。说到底，这是忠孝传家的结果。从现存开漳陈姓族谱记载看，同样给以充分的说明。如《开漳圣王派训示》载："读书为重，次即桑农。取之有道，工贾何妨。克勤克俭，勿怠勿荒。孝友睦婚，六行皆臧。礼义廉耻，四维毕张。处于家也，可表可坊。仕于朝也，为忠为良。"那么，如何让忠孝家风世代传承？元光认为，关键在后代遵循祖训，报国立功，而不是躺在上辈的功劳簿上当"功二代"。否则家风难续，家族不旺。元光身为开唐元勋之孙，他"缵祖风"，以文武双全成就报国之功，为忠孝之家再添光彩。因此，他以自己的经历教育子孙，要正确认识自己、家庭、国家的关系，以报国为己任。这正如他的诗句所言"移孝为忠吉"。他还以最亲近、最有感染力的祖辈功德教育后代，继承祖德。如他赞美祖母的几首诗作是也。正因为代代传承忠孝家风，所以成就了四代人续任漳州刺史的光辉。元光任漳州刺史26年，儿子陈珦续任20多年，孙子陈酆续任29年，曾孙陈谟续任20多年。其中陈酆是由漳州耆老等数百人请求朝廷而调任的。因当时漳州刺史受伯梁与偏将许平国俱以贪赇在位，漳人被毒者十余年。因此，"朝命可之，授酆朝散大夫、中郎将、漳州刺史。"当陈酆到漳时，州人欢呼"州主陈将军孙来矣"。陈酆"历任二十九年，一州安晏。卒谥忠宪"。元光世家为官者都是清官、为民之官，所以赢得千百年来百姓的赞颂与朝拜。如今漳州内外的一些开漳圣王庙不仅主祀陈元光，还配祀元光家族中的有功者。漳州州主庙纪略碑镌刻了他们的功绩，历代志书记载了他们的为人与贡献。

（二）修身养性，齐家之教

齐家之重在教育，教育之重在立德。只有人人修身而德才兼备，才能业兴家旺。元光重视对家人的教育，强调不论其才智深浅，都要以立德为先，指出："人之生也，智慧才能之资虽有异，持身处世却相同。律己须严肃，待人应宽容；忠恕遵孔训，孝悌仰虞风；信义称君子，仁爱格苍穹。"他的诗作《忠烈操》《恩义操》也鲜明地强调"忠孝仁义"对齐家的重要性，要求人人尽忠孝，代代传美德。这是元光自身经历的感悟，也是他对子孙的教导与期望。同时他很注重行为养成。据漳州民间传说，在一次宴会上，元光女婿因失礼节而被元光当场批评并处罚。这充分表达了元光重视德育、严管亲属的坚定态度，起到很好的表率作用。至于学识教育，元光坚持因人施教，让子孙扬己之长，服务社会。如儿子陈珦善词赋，元光认为"此非戈戟下士，乃台院秀儒也"，让他授学于别驾许天正，成为"举明经及第，授翰林承旨直学士"，"登王维榜进士"，而后办学松洲书院。元光殉职后陈珦接任漳州刺史，肃清蛮寇残余，迁州治于李澳川（今漳浦县城），训诲士民，泽洽化行，漳人赖之，卒谥文英。从元光至孙子三代单传，皆任刺史，至曾孙有三：咏、谟、讦。陈谟续任漳州刺史，陈咏为恩州参军、后任光州司马，陈讦为国子监四门博士；玄孙陈章甫为光州司马。明万历年间，元光后裔陈华回光州担任太守。从历史上看，元光世家人才辈出。

（三）言传身教，齐家之道

元光不仅以身作则，言传身教，成就了光辉的齐家之美，而且传下了感人的教子之诗——《示子珦》。该诗因思想性与艺术性俱佳而收入《全唐诗》（收入的题目为《示珦》下注"元光子也"）。诗的全文是："恩衔枫陛渥，策向桂渊弘。载笔沿儒习，持弓缵祖风。祛灾剿猛虎，溥德翊飞龙。日阅书开士，星言驾劝农。勤劳思命重，戏谑逐时空。百粤务纷满，诸戎泽普通。愿言加壮努，勿坐鬓霜蓬。"全诗感情浓厚、期望殷切，而无空洞的说教与生硬的要求。元光以叙述自己沐浴皇恩、平乱建漳的经历，护国安民的担当和为人处世的感悟，让儿子深切体会为父的思想与作为，在此基础上希望儿子珍惜时光，学文习武，磨炼成才；希望儿子感恩朝廷，努力奋斗，有所作为；其核心是希望儿子继承他们安边治州的使命，报效国家。开漳建州虽已成就斐然，但百粤之地的事务仍十分繁重，当地民众所受到的恩泽还非常普通，所以寄托儿子能承前启后，继往开来，为东南边陲长治久安，各族人民共同发展贡献自己的智慧与力量。这是元光以诗歌表达对儿子的期望与重托，也是他始终坚持言传身教而齐家有成的缩影。陈珦没有辜负父亲的重托，牢记祖训，为国为民，谱写了新的历史篇章。

燕翼宫

位于云霄县城。唐朝廷敕陈元光将军所建的府邸。宫名"燕翼宫",取《诗经》"诒厥孙谋,以燕翼子"之义。燕翼宫建成时,陈元光赋《落成会咏》诗两首,其一首写道:"泉潮天万里,一镇屹天中。筮宅龙钟地,承恩燕翼宫。环堂巍岳秀,带砺大江雄。轮奂云霄望,晶华日月通。……"这首诗为《全唐诗》选录,另一首诗收入《全唐诗外编》。北宋熙宁年间重修燕翼宫时,改称"开漳祖庙"。现位于云霄县城的燕翼宫为明清时重建。

燕翼宫

元光妙语佳句

兵革徒威于外，礼让乃革其心。

持清净以临民，守无私以奉国。

明君之务，在拔忠贤。忠贤任职，君德弘矣，四海宁矣。

七、元光之治郡

元光作为首任漳州刺史、岭南行军总管，以其雄才大略安边富民，为漳州的发展、大唐东南边陲的安定做出了卓越的贡献。

（一）治郡安边，保一方长治久安

元光于平乱后上疏朝廷"请建一州泉、潮间，以控岭表"，其建州的要旨在"控岭表"。那么，在东南边陲的蛮荒之地，如何以建州达到这一目标？元光采取立兵、通路、聚民等重大举措，实现了朝廷在东南地区的战略布局。从汉代至唐初，闽粤间动乱不断。其原因是，这里负山滨海，地广人稀，交通阻隔，王化未开，朝廷管控鞭长莫及。因此建州之初，元光即奏请设置行台，建立长驻的"府兵"与坚固的军事基地。据明万历癸丑年《漳州府志》载："唐陈将军元光筚路篮缕，以启漳郡，始奏立行台于四境，四时躬自巡逻，命将分戍其地。一在泉之游仙乡松州保，上游至苦草镇。一在漳之安仁乡南诏保，下游至潮之揭阳县。一在佛潭桥至太武山。一在新安里大峰山回入卢溪保，上游抵太平镇。巍然南来之保障焉。"这样的布局是漳州的安防之需，也是唐军布防东南、根治动乱之策。从元光设置的四行台及三十六堡看，东、北方向连接朝廷的兵力部署，西、南方向控岭南、扼海疆，形成威慑、控引东南地区的军事防务。如"佛潭桥至太武山"行台，扼守漳州东南海域，战略位置十分突出，从那时起至清朝，历代都在此设军事机构。可见元光的战略选择何其正确。对行台的建管则采用"军屯"的做法，让防卫、作战、耕作协调运行，既保证军事需要，又军民结合生产自给，与新生的州府一起艰苦创业。道路对军事行动关系重大，特别是闽地多山，漳州境内又雄踞着梁山山脉，道路问题尤为突出。因此，元光着力打通连接漳州内外的战略通道。他所设立的巡逻台不是单一的军事据点，而是有机布列的军事设置，不只一个方向，而是四境都有。行台与行台之间、行台与堡之间紧密相连，可攻可防；行台内外道路相通，可进可退，形成联动有力、坚不可摧的军事长城。与此同时，元光多措并举移民聚民，为军事建设提供了坚强的人力支持和社会发展的强大支撑。军事防卫、道路通达、民众聚集，促进了漳州内外的人员往来和经贸活动，促进了江南与岭南两大区域的战略连接与互动发展，实现了朝廷对闽粤地区的有力领导。如明万历癸酉年《漳州府志》载："由是东距泉建，西逾潮广，南接岛峙，北抵虔抚，方数千里无桴鼓之警，号称治平。"

（二）治郡富民，让百姓安居乐业

元光将安边富民作为建州治郡的目标。通过聚民心、启民智、汇民力，谱写了兴漳富民的历史篇章。建漳前，这里生产落后、凶暴横行、人心慌乱。在这百业待兴之际，元光以兴人心为先，做到稳民心、聚人口。他带头并鼓励部属落籍漳州，扎根边陲，给百姓以信心和示范；推进均田制，给无地户以土地；收辑散亡，聚民拓荒。特别是融合汉蛮关系，实现了共同发展。元光在《请建州县表》中提出："胡越一家，愈无罅隙，畿荒一德，更有何殊。"主张朝廷辖下之郡县所享有的恩惠，应一视同仁施予边疆地区各族人民。建州后，他广施仁政，普惠于民。即使是偏远峒寨的蛮民，也通过开山取道，施以教化，一同受益。更值得一提的是，元光鼓励汉蛮通婚，以结成最紧密的血缘一家亲，从而形成团结协作的各民族生产建设大军。至于启迪民智，元光认为"其要在兴庠序"，以提高民众的素质。他在州府设置了专司教育的机构，创办了全国最早的书院"松洲书院"，并以多种形式"敦伦开野叟，勤学劝生儒"；移风易俗，让礼仪和中原的好风俗融入百姓的生产生活之中，实现"民风移丑陋，土俗转醍醇"的社会新风尚。同时，大力引入先进农耕技术，开发陶铸生产，兴起商贾贸易，使百姓在学习新知识、运用新技术中，增长才干，扬其所长。在此基础上，元光将所兴起的民心、民智聚于兴漳富民之建设，以轻徭薄赋激励创业，劝课农桑，惠工通商，出现了百姓和睦相处、安居乐业、漳州发展的新景象。

（三）治郡兴政，教州府清廉为民

治郡之核心在建州府，建府之关键在治官吏。元光为政以德，治吏以严，律己以率众，建立起百姓拥护的州府。他在《谢准请表》中写道："已从此日，望阙谢恩。继当恪守诏条，征庸俊义，平均徭赋，示以义方，教以孝悌。持清净以临民，重修前志；守无私以奉国，再砺于衷。"这是元光向朝廷表达的治郡决心，也是以他为刺史的施政之纲。他要求官员秉公施政，护国安民，并告诫大家："戴王秉义无亡噬，作政行苛何诛夷"。为官者如不施行仁政，则连老虎也不会放过他。元光还与官员共勉，"法慈敷教化，清净加弥伦"。要让以法治边、仁政惠民的清明政治遍及漳州大地。元光十分重视选贤任能，汇集了一批有作为的治郡人才。他在奏请建漳时就提出"乞注刺史主其事"。

意谓建漳是为国之举，而非为自己谋官职、图私利。因此元光选任官吏始终以为国为民为标准。朝廷授权他自主选用"州自别驾以下，县自簿尉以上"官员，他既认真考察选配，又将拟用人员以《请置史表》上疏朝廷，以示慎重与忠贞。同时他还礼贤下士，广纳贤达，以补人才之缺。"惟吹洛下箫"，"促命茅君起"。要吹箫引凤，招聘人才，起用贤能之士，为国效力。要"开轩礼吕蒙"，像鲁肃看重吕蒙一样，结交使用年轻的有才华之人。这些诗句一再表达元光求贤若渴的强烈心愿。元光治府的又一举措是以上率下。通过表率力量的带动，真情实感的激励，"革其心"的教育，形成共图大业的施政队伍。这些做法见诸元光的许多诗作，最典型的是《语州县诸公》两首。元光以推心置腹的谈心方式和亲身经历，给州县诸公教育勉励，使之勇于担当与奉献。我们选读若干诗句就会得到真切的启迪与激励。"输忠奉简书"，"适国无先后，梯云有卷舒"。要尊奉朝廷的诏文，输献忠心。报效国家不分先后，也不应受官阶升迁快慢的影响。"败事成因酒，增高必自陵"，"寅协无他式，清勤慎不矜"。要提升自己，只有靠自身努力。要忠诚履职，合舟共济，没有别的方法，唯有清廉勤勉，谨慎而不骄傲。"出宰必悬鱼"，要像东汉南阳太守羊续那样居官清廉。《后汉书·羊续传》载："府丞尝献其生鱼，续受而悬于庭；丞后又进之，续乃出前所悬者，以杜其意。"元光既言传又以实际行动进行身教。如《题龙湖》五首、《晓发佛潭桥》等许多诗作，就是元光严于律己、关爱百姓、深入实际的真实写照。因此，元光带出了清廉为民的团队，建立了百姓拥护的州府。

新兴的漳州如一颗璀璨的明珠，闪耀在大唐辽阔的大地上。

漳州市区今貌

漳州之州治

唐垂拱二年（686年）建立漳州，陈元光为首任刺史，州治设于唐军驻扎闽南的屯垦处（今云霄火田乡）。30年后，陈元光儿子陈珦在刺史任上，州治迁至李澳川（今漳浦县城）。70年后，贞元二年（786年），陈元光曾孙陈谟任漳州刺史，他将前任刺史柳少安看好的新州治"大江南旋而东注，诸峰北环而西顾，山川形胜极佳"的龙溪县境内之地，再次报奏朝廷获准，将州治迁至龙溪县芝山南麓的桂林村（今芗城区），那一年正是漳州建州100年整，至今已有1000多年。如今的漳州城欣欣向荣，是国家历史文化名城。

元光自唐垂拱二年开创此州，迄今八百余载，而民思念之者如一日，其何故哉？盖元光于此州有启土之功焉，于此州有保民之惠焉，于此州有死事之忠焉，此民所以思之而不置也。

——明正德《大明漳州府志》

八、千年传说　礼赞元光

　　开漳历史，载于方志文献，存于民间传说。这些传说或神话，叙述开漳的艰苦卓绝，赞颂先贤的历史功绩，彰显对真善美的追求。千百年来，闽南人津津乐道，代代相传。在此从以下三方面选摘部分故事，以表达对开漳圣王的礼赞。

（一）平乱济民，人助神佑

蛮獠啸乱，据山隘洞寨之固，持以逸待劳之强，有恃无恐。陈政、陈元光万里提兵，除寇安民，谱写了可歌可泣的平乱史诗。小说《平闽十八洞》演绎了这段历史，神话故事讲述了得道多助的真理。在此选摘几则遗迹景观尚存的故事。

神奇的龙马。这是传说《四脚鱼》里的神物。唐军初到闽南，突遇蛮寇夜袭，退守九龙山扎营。因缺粮，只能靠吃野菜、杀战马坚守着。终于盼来魏妈率领的援兵，但已无战马，大家只好面对九龙湖祈求上天赐马，说来奇怪，九龙湖里的小鱼竟然长出四只脚，小小的鱼尾巴也变成马的长尾巴，小鱼变龙马。陈政一见大喜，就率一百零八将，跨上龙马，冲下山与魏妈会合破蛮。据说，至今华安仙都的溪湖里还生长着一种只有两寸长的"四脚鱼"，称之为"龙马"的后代遗种。

勇猛的神鹰。这只从天而来的苍鹰源于传说《石鹰山》。在南靖船场有座石鹰山。当年陈元光带兵追剿叛贼柳斜来到这里，途中寻见一怪物吃人，元光用龙湖宝剑照见怪物是蝴蝶精。现了原形的蝴蝶精吐出一阵迷雾飞走了，元光将宝剑往天一指，立即出现一只神鹰，用利爪攫住蝴蝶精，飞到青龙山顶，尽食之。神鹰饱食后，便在山顶上睡起觉来，一睡就是九九八十一天。而后这石头现出苍鹰的形状，人们就称此山为石鹰山。

如玉的姑娘。这个美丽的神话来自传说

《白石姑娘》。在南靖船场石鹰山麓有一块白石，如一位白衣姑娘屹立山巅，其故事是：瑶池一仙女因恋人间美景而私留人间，为百姓做了许多好事。之后巧遇元光平蛮，她暗中相助。在蚯蚓精联合蝴蝶精大战元光兵马的紧要关头，她驾祥云飞到东海借来十万石沙粒，将蚯蚓精和几万蚯蚓兵全部消灭。白石姑娘因思慕元光，立于山巅盼望，久而久之变为人形的白石。人们为纪念白石姑娘在石门岩上建了一座庙。

有道的夫妻。这两人出身离奇，修道有成，结为夫妇，全力平乱。他们的故事来自《丁七娘》和《张赵胡》。丁七娘生于福州古田临水村，传说是溪流的鸭蛋转变而生。少时生活困苦，有一天上山砍柴摔落，被老虎衔着送至龙虎山白云寺横山老道士那儿学道，学成后老道士让她投奔魏妈，而后与张赵胡结为夫妻，协助陈政、陈元光斗妖除怪。她施法火烧飞虎洞；斩除变化多端的蟒蛇精；尤其精彩的是，调金木水火土五雷轰平蜈蚣魔王盘踞的桃源洞。为此，人们在华安九龙山建"五雷宫"，纪念丁七娘的功绩。丁七娘的丈夫张赵胡，生于潮州，传说是从大瓜中出生的男婴。这棵瓜的瓜根、瓜藤、瓜果分别长在三个老汉家，因此用他们三人的姓为名，孩子归大家。男孩长大后，去江西跟庐山王学道三年，而后用所学道术为陈政、陈元光平乱出谋划策。他设妙计智取飞蛾洞主金菁娘娘；让妻子丁七娘乔装新娘，进入绝壁之上的飞龙洞，里应外合全歼乌鸦精和乌鸦兵等，为平乱立下赫赫战功。

还有位于漳浦梁山的娘子寨，建在平和灵

通山上的巡逻台，坐落于龙海海中的蝶子洞等，至今仍存有遗迹与传说。这一切无不赞颂元光智勇双全、战无不胜的英雄气概与功绩。

（二）忠贞护国，心昭日月

元光家族六代人，承前启后，平乱开漳，弘扬了忠孝家风，其爱国、忠君、为民的故事广为流传。如《陈元光血染大岇原》，赞颂了元光坚定的爱国情操：他在五十多岁时，就主动提出退位，由年轻的贤人接班；在蛮贼偷袭的紧急关头，他英勇奋战，以身殉国。《归德将军墓葬之谜》从另一方面赞颂了元光崇高的道德情操，令人钦佩。现摘录于下：

相传在大宋宣和年间，有位叫林机的年轻人疯疯癫癫向漳浦县太爷傅希龙禀告："开漳圣王有旨，欲将归德将军灵柩，从平和大峰山迁回将军山来。请太爷即日派五百民工，在将军山替归德将军修好陵寝，不得有误！"傅太爷听了，以为是疯人胡说，将其轰出衙门。但他心里觉得蹊跷，叫人去寻访，终于得知：原来归德将军陈政入闽平乱，积劳成疾病逝于任上。当时陈元光袭父职、忙于平乱，只把陈政的灵柩暂时葬于屯所附近的将军山下，直至漳州建置后，才按唐朝仪制安葬于将军山麓墓地。有位善于奉承的风水先生登门向元光道贺说："将军慧眼择宝地，归德将军墓穴有王者之气，后代子孙定称王。"元光一听怒斥道：不准放肆胡说，立即将其赶走。这位风水先生心生念恨，走出燕翼宫便到处散布说，陈政墓穴有王气，后代定称王。这说法一下子在闽南传开，若不及时制止，一旦传到朝廷就麻烦了。为此，陈元光寝食难安，长吁道："苍天啊！我陈家父子忠君爱国，天日可鉴，为皇家开疆辟土，鞠躬尽瘁，岂有异心？小人滥言，造谣生事，我怎样才能表白心志呢？"最后元光只能痛下决心，将父亲灵柩迁葬平和大峰山，以表忠心。到了宋代，朝廷对元光屡屡加封，并敕封其亲属。于是，民间"王爷回迁"之说就沸沸扬扬传开了。这就是事情的原委。

这位年轻人向县衙禀告后一个多月，傅太爷听说，有几百神兵把归德将军陵墓修复一新。而后又听说，有一天清晨，天刚蒙蒙亮，山下有人看见一支威武庄严的仪仗队，浩浩荡荡从大峰山方向开来，一时鼓乐喧天，直至将军山陵墓。等村民赶到山上时，神兵天将都不见了，只见墓冢已高高耸立。大家都说这是开漳圣王亲自主持这次回葬盛事的，总算了却当年一桩心愿。这样，王爷回迁的事就传开了，直到今天人们还都信以为真。其实这事的内情只有那位年轻人林机知道，这是陈将军后裔渐山名士陈景肃策划操办的，靠的是当地民众热心、大力支持。陈政将军功勋卓著，葬哪里都一样，他的丰碑永远耸立在人民心中。

（三）由人而神，威惠百姓

元光殉国后，成为闽南人的保护神。元光"由人而神"，其关键是他赢得民心，而百姓与官府的祭祀，则是感恩、崇德之举，希望元光精神世代相传，元光神威护国佑民。因此，虔诚的朝拜，千年传承；美丽的传说，代代传诵。如《西庙黄蜂歼敌》：西庙是漳浦威惠庙的俗称，位于县城西郊,唐朝诏立。相传宋绍定年间,一群汀州流寇犯境,民众祷告陈圣王为民做主。一时从圣王庙大殿飞出一群群黄蜂,蜇得贼寇抱头鼠窜,全部逃走。还记载:有一年大旱,百姓焦急。漳浦县令到西庙祈雨,果大雨,田收皆倍,邑人刻词以纪其异。《三圣王斩凤精》则更为精彩:

很久以前,漳州官园社附近有一个猴洞,被凤精占据修炼。但这只凤精,居心不良,准备在成仙前,吸取一百个美男子的精血,以永保美艳。为此她经常变成一个美女,在漳州城勾引、淫杀美男子,闹得满城人心惶惶。县官、州官也被弄得不知所措,只好到官园大庙祈求陈圣王显灵破案,为民除害。人命关天,圣王爷好不着急。于是他变成一个文质彬彬的美貌相士,出现在漳州城。有一天在东门街,一位如天仙一样的少女走来,向他弯身一揖说道:"先生,我家小姐想请你算个命如何?""可以,前面带路。"少女将相士领到猴洞里,十分殷勤地款待相命先生。"请问你家小姐在哪里?""我就是。""既然你要算命就报上八字。""先生请先饮几杯再来。"少女说着,右手捧上一杯酒,左手去抱相士。"你这样轻狂成何体统。"相士把少女推开。少女恼羞成怒紧紧地抱住相士。相士挣开她,摇身一变,原来是圣王爷。少女举起双刀,向他砍去。陈圣王取出龙湖宝剑,向前一挥,美女立刻现出原形,是一只凤精。于是便跪在地上向圣王爷哀求着说："我本是万松关下一只凤凰，受了日月精华而变成人形，不久我将得道成仙，望王爷饶我一遭。"圣王说："你既然有悔改之心，今天我放了你。若再为非作恶，定斩不饶。"凤精唯唯点头。从此漳州城民众又安居乐业了。半年之后，凤精淫心又起，继续残害民众。陈圣王怒了，亲自带领大将马仁、李伯瑶、张赵胡杀向猴洞。凤精举起双刀迎战，又施法吐出炎炎火球，烧向圣王。张赵胡赶忙开起葫芦，倾盆大雨浇灭凤精火焰阵。凤精见势将双刀向上一掷，出现无数小凤羔围攻咬啄，双方交战激烈。这时北庙陈圣王和州主庙陈圣王，听见东方战鼓连天，知道官园陈圣王有事，不约而同都来助战。他们见凤精使用万凤阵，北庙圣王立即挥起龙湖宝剑，一时北风呼啸，雪花飞舞，小凤羔的翅膀被冻僵，纷纷从天上掉下来。凤精见势想逃，州主庙圣王眼疾手快，举起龙湖宝剑，把她劈成两段，大家合力全歼妖孽。北庙陈圣王和州主庙陈圣王，协助官园陈圣王斩了凤精，感情更浓，便经常到官园大庙做客，后来他们三人就住一起了。

这美丽的神话，是民众对开漳圣王为民除害的感恩与赞颂。元光传说、元光精神，植根于民众心田，必将永存于民众之中。

开漳圣王文化撷英

九龙江西溪

九龙江西溪

　　九龙江，亦名漳州河，是福建省仅次于闽江的第二大河流，北溪东段最早名"柳营江"，因六朝以来"戍闽者屯兵于龙溪，阻江为界，插柳为营"，故名。九龙江由干流北溪和支流西溪、南溪汇合，过漳州在厦门港对岸注入台湾海峡，下游漳州平原是福建省四大平原之一。图为西溪景色。

元光之光，非陈姓一姓之所私有，当以漳民之所有，非漳民之所有，当以台民之所有，非台民之所有，当宜国人之所共有。

——摘自台湾高雄凤邑开漳圣王庙碑记

九、元光精神 世代传承

"乾隆二年，华承恩命来守漳州。漳人祀开漳陈王于北门之外。华检阅郡志，考其世系，喟然而叹曰：'王之世祀也宜哉！'"这是漳州知府童华撰写的《重修开漳陈王庙记》的开头，全文载于清康熙《漳州府志》。童知府因龙溪县令申景云议修开漳陈王庙而作此文，并助俸钱修庙，以弘扬元光精神。这是一篇富有感召力的美文。

（一）以真挚的情感，赞颂元光历史功绩

童华以严谨的态度查史志、考世系，被元光平乱建漳的历史功绩所打动，由衷升起对元光的崇敬与感恩之情。文章写道："盖自唐以前，漳固未隶版图也……况漳在七闽之外，山蛮海寇，豺狼鲸鳄之所盘据；省方问俗，绣衣直指之所不至。民生不见化日，而死于流离盗贼者不知凡几矣。王之父子屏辟而镇定之，身经数十战。王临阵授命，殁而为神，世有封号，自侯而王，庙食至今不替，是漳开疆守土之正神也，若之何不敬？"元光不仅功勋卓著，而且带领整个家族承前启后，为开漳治州建立了不巧功绩。童华说："陈氏世笃忠贞，宣力王室，扫荡寇虐，奋不顾身，使遵海而南咸奉正朔，化蛮貊之俗为寇带之伦，其有功于漳最大。缵承先业，克咸厥勋，且战且耕，以养以教，贤亲乐利，传子及孙。自高及宪历唐室十君，自总章至贞元历年百有七十，使海隅之民不被兵革，扶老携幼得其天年。至今禾麻、庐舍、封洫、山林、材木、工商、器用，皆王之诒，其德于漳最久。"那么，元光的巨大功绩为何只记于志书，而无载入唐史？对此，童华再次发出内心的感叹："非仕宦至漳者，无由得见。嗟乎！以王之丰功劲节，炳若日星，守漳五世，深仁厚泽至百数十年之久，

而世莫之知。以此思天下之大，古今之远，有立于时无闻于后者多矣！"他还举了韦皋镇蜀有功，而无列入《唐书》的事例加以证明。从另一个方面看，童华认为："王家世淳朴，意者不乐有身后名。故子孙未有疏其事迹，请于朝廷宣付史馆者。即以昌黎韩子之贬守潮州，与王之后人同时同地，而未尝属为传志，以显其先人。"童知府所言透彻在理。元光世家功成不居，感人至深。对元光的贡献既没有宣付于朝廷史馆，也没有请近在潮州任刺史的韩愈写文作传。然而有功者必得人心，不宣扬亦能扬。王之庙食至今不替，乃百姓为之，非元光世家所为，故能久之。这是元光大功大德永在人心的表现。

（二）以历史的视角，传承元光崇高精神

1000多年来，元光功绩与精神世代传颂。从唐至清，朝廷先后赐封号、诏立庙、定祀典，其赐封达22次之多，封号由侯至王。唐朝诏立的漳浦威惠庙，唐玄宗赐"盛德世祀"之坊。至清朝，乾隆赐漳浦威惠庙一对宫灯，上书"高封祀典，开漳圣王"。一座庙宇跨越千年有两位皇帝题赐，实属罕见。这表明了历代朝廷对元光功德的一致肯定与褒崇。至于对元光的祭祀，明朝列入正祀典。明正德《大明漳州府志》载："明朝

入祀典，守臣春秋二祭。于祀社稷后行礼，仪节与社稷同。其祝文曰：'惟公开创漳邦，功载有唐，州民允赖，庙食无疆。'"从省通志和府县志记载看，对元光的赞赏笔不绝书。如明万历癸丑《漳州府志》载：《淳祐志》称，元光父子的功绩，"唐史阙而不载，使丰功巨烈无传，有遗憾焉。然而累代褒崇，庙食百世，河山不改，惠烈无穷"。历代名人亦赋诗赞颂。如宋朝漳浦知县吕璹作《威惠庙》，其诗写道："当年平寇立殊勋，时不旌贤事弗闻。唐史无人修列传，漳江有庙祀将军。"百姓对元光的感恩与崇敬，则集中体现在立庙供奉与节庆活动。这种习俗既世代相传，又随闽南人迁居外地而迁播。童华从千余年历史传承中，感悟到元光精神是漳州之宝，漳州之骄傲，闪耀着中华文化的智慧与美德，必须世代传承。他指出：修建庙宇"聚忠孝于一堂，郡人之祷祀报赛与四方之君子游览莅止，溯其渊源，可以奋兴感叹也已"。通过立庙等形式，展示元光及先贤的功德，让祷祀与游览者了解历史，知其艰辛，学其品德，将忠孝齐家教化于百姓，建功报国激励于民众，这是传承元光精神的要义。因此，童华不仅撰文宣传元光精神，还捐出自己的俸钱三万，助修在漳州北门的开漳陈王庙（北庙），以扩其范围，增其配祀，聚忠孝于一堂，启人心志。而且希望"后之官兹土者，嗣而葺之，无俾倾废，是亦国家崇德报功之一事也与"！童华是多么希望将元光精神发扬光大！

（三）以殷切之情，希望人们感恩先贤，继往开来

作为漳州知府，童华认为，今天之漳州是一代代漳州人传承开漳精神、不懈奋斗的结晶；今天之漳人应承前启后，开创未来。他大力弘扬元光精神，教漳人感恩先贤，弘扬美德，建设漳州，为"国家崇德报功"。从元光殉国受朝廷赐封立庙到童知府撰文修庙，时逾千年，延续至今已有一千三百多年，而人们对元光的敬仰连绵不断，代代相传。这与朝廷封赐、州府祭祀有关，但最关键的是，元光有功于国，造福于民，赢得人心。因此千百年来，百姓感恩他，奉为保护神；赞颂他，弘扬忠孝美德。元光精神已融入闽南人的生产生活之中，固化为闽南文化的基因。如今，开漳圣王信仰在海峡两岸及东南亚等地香火鼎盛，血脉联谊世代传承，密切着海峡两岸同胞同血缘、共神缘的亲情，联结着海外华侨华人与祖地的血脉情谊，鼓舞大家为中华民族的伟大复兴而奋斗！

元光精神，光耀千秋，为国为民，代代传承。

漳浦威惠庙

漳浦威惠庙

漳浦威惠庙，俗称西庙，位于县城西郊西宸岭南麓，唐开元四年（716年）诏建。《漳州府志·陈元光传》载："开元四年，徙州李澳川，诏立庙，赐乐器、祭器、建'盛德世祀'之坊以表之。"清乾隆皇帝赐宫灯一对，御题："高封祀典，开漳圣王。"千百年来，对其褒崇修建，代代相传。在建庙1300周年之际，又扩其规制，重建"盛德世祀"之坊，兴建威惠公园，彰显了开漳圣王文化的魅力与优势。漳浦威惠庙是"漳州市对台交流重点宫庙""福建省民间信仰活动场所联系点"，已成为海峡两岸寻根谒祖、弘扬开漳圣王文化的重要窗口。

开漳姓氏之 傳芳

一、五世开漳　世传英灵

二、朱熹高弟　理学真儒——陈淳

三、《俊美陈氏家谱》浅析

四、开漳周氏名第扬

五、芗江流芳开漳林

六、板桥林家　泽润两岸

七、坤德开漳垂赞范

八、开漳许氏　漳台传芳

九、墨场桥头开漳卢

十、辅郡双雄　马李二将

十一、墨溪文星耀千年

十二、尊崇开漳文化的白石丁氏

　　陈政、陈元光父子率军入闽，平乱建漳，既是巩固边陲、维护统一的军事行动，也是一次大规模的人口迁徙。这批入闽的中原将士和家眷共有87个姓氏、上万人。他们落籍漳土，繁衍生息，其后裔是闽南人口构成的重要组成部分，并陆续向台、港、粤、琼、赣、浙及海外迁徙，繁衍形成庞大的开漳血缘族群，派生出内涵丰富的开漳姓氏文化。开漳姓氏文化与中华传统文化一脉相承，彰显着优良的家风文化，以及血缘与神缘紧密结合的特点。本辑选取拥有丰富史料的若干姓氏，通过家族名人、家风家训、世代传衍等内容，展现开漳姓氏文化的优秀传统。

一、五世开漳 世传英灵

唐高宗总章二年（669年），泉潮间"蛮獠啸乱"，陈政、陈元光父子奉朝廷之命，率中原八十多姓氏的子弟兵将士驻守"故绥安县地"，平定啸乱，建置、开发漳州，发展形成以"开漳圣王"为标志的庞大血缘派系。开漳陈氏衍派极盛，遍及漳州各县市区，以及周边地域。在广东、浙江、广西、海南、云南、江西、江苏、河南、河北等省，以及台港澳地区都有传衍。此外，传衍海外的有美国、日本、朝鲜以及东南亚各国。开漳陈氏后人都具有以开漳为荣的家国情怀。

（一）筚路蓝缕开漳郡

唐总章二年（669年），泉潮间发生"蛮獠啸乱"，社会动荡不安，唐高宗令玉钤卫翊府左郎将归德将军陈政任岭南行军总管，率领将士123员，府兵3600名，入闽平定啸乱。陈元光随父出征。

当时的古绥安县地地处山海之间，林泽荒僻，蛮獠聚居。陈政因寡不敌众，退守九龙江以东，奏请援兵。朝廷派陈政的兄长陈敏、陈敷来援。二人卒于途中，陈政的母亲魏妈继续领军入闽，与陈政会师于九龙山。会师后，陈政与其部将，设计巧渡柳营江，歼敌于盘陀山下。咸亨四年（673年），陈政移镇漳浦地区，以盘陀岭等山为要塞，阻挡潮寇进犯。仪凤初年（676年），陈政见当地局势较为平稳，决定扩大戍守范围，进屯于梁山之外，徙居云霄地区。

仪凤二年（677年）四月，陈政逝世，陈元光代领父职，任玉钤卫左郎将。同年，广寇陈谦联结诸蛮苗自成、雷万兴等攻陷潮阳，陈元光率军平乱。垂拱二年（686年），陈元光上《请建州县表》，请建一州于泉潮间。同年十二月九日，漳州建置，辖漳浦、怀恩二县，陈元光为首任漳州刺史。在任期间，陈元光"剪荆棘，开村落，收散亡"，增加漳州的定居人口，组织众人开荒辟土，形成聚落；"营农积粟，兴贩陶冶"，发展农业、手工业和商业；"通商惠工"，发展当地经济。他还建立巡逻行台于漳州四境，以维护地方的和平安定。一时间，方数千

陈政陵（云霄将军山）

里无桴鼓之警，号称治平。

景云二年（711年），蛮寇雷万兴、苗自成之子复起，潜抵云霄岳山。陈元光率轻骑应战，因援兵后至，力战而死。听闻陈元光壮烈牺牲，漳州士民如丧考妣，十分悲痛，暂将其葬于云霄大峙原。

陈元光死后，部将卢如金代领州事。开元三年（715年），陈元光之子陈珦终丧，率军袭杀蓝奉高，继任漳州刺史。次年，他应耆老余恭讷等人之请，移州治于李澳川（即今漳浦县城），漳浦县治随迁。陈珦治理漳州二十余年，"剪除顽梗，训诲士民，泽洽化行，漳人赖之"。天宝元年（742年），陈珦逝世，谥号文英。

天宝间，陈珦之子陈酆任漳州刺史。漳州人民欢呼："州主陈将军孙来矣！"陈酆任漳州刺史二十九年，一州安晏，深受百姓爱戴。大历十四年（779年），陈酆逝世，谥忠宪。

建中二年（781年），陈酆之子陈谟续任刺史一职。志书记载陈谟初任刺史，因行事刚率，

陈政故居（云霄火田村）

不协舆情，改任本州别驾，柳少安任漳州刺史。柳少安精通地理，认为龙溪县比漳浦县更适合作为漳州州治，便向朝廷奏请迁州治。事未成，而柳少安改任他处。陈谟向福建观察使卢甚重提此事，终于促成州治的迁移。此后，陈谟悉心区划营建，吏民悉悦，又以平广寇功，复授漳州刺史。

（二）盛德世祀慰英灵

从总章二年（669年）陈政入闽平乱，到元和十四年（819年）陈谟逝世，整整150年，陈氏五代人苦心经营，将漳州从"獠蛮之薮"化作文明之地。及至后世，名贤迭出，文化昌盛，民风醇厚，成为东南沿海的千年文明古城。

虽然出于多种历史原因，新旧唐书并未记载陈政、陈元光开漳安边的赫赫功业，但历代漳州的官员和人民却从来不曾忘却。在漳州的历史上，陈氏家族有着特殊的地位，志书对其评价极高。现撷取几段方志对于陈氏家族的评述，以供读者了解。

陈元光陵山门（芗城浦南）

明正德《大明漳州府志》："元光自唐垂拱二年开创此州，迄今八百余载，而民思念之者如一日，其何故哉？盖元光于此州有守土之功焉，于此州有保民之惠焉，于此州有死事之忠焉，此民所以思之而不置也。"

明万历癸酉《漳州府志》："前志云：元光筚路蓝缕以启山林，立郡县，置社稷，化家为国，至捐躯殒命而后已。丰功伟烈，唐史传缺而不载，使后人有遗憾焉。"

清康熙《漳州府志》："总章以前，漳荆榛未辟。建堡设屯，实首陈政。遂扼闽粤之吭，开千百世之衣冠文物。元光继之，始置州，式廓疆土。历传而珦、而酆、而谟，祖孙父子凡五世，德化流洽，古方策所载，邈焉寡俦。"

为了纪念陈元光开创漳州的功绩，在他捐躯之后，民众于云霄建庙祭祀。开元四年（716年），朝廷嘉奖陈元光忠诚殉国，诏立庙于州治李澳川（即今漳浦县城），建盛德世祀之坊以作旌表。庙在漳浦县城西郊西宸岭南麓，民间称为西庙。贞元二年（786年），州治移于龙溪县，有司改葬陈元光墓于县北松洲保，即今芗城区浦南镇石鼓山。庙亦随迁,建于石鼓山下,官员岁往致祭。北宋政和三年(1113年),朝廷赐庙额"威惠"。南宋建炎四年(1130年),因松洲威惠庙与州城距离较远,官员祭祀往来不便,改立庙于州城北门外,民间后称北庙。此外,在漳州各县皆有威惠庙。村社间又有将军庙、陈王庙,祀奉陈元光及其家人、部将。如清嘉庆《云霄厅志》云:"自郡邑至村落,辄数十家为一社,建立祖祠以祀其先。又各立祠,春祈秋报,亦犹行古之道。考祈报所祈,惟玉钤陈将军辟土开疆,功在生民,报祈最盛。"可见开漳圣王信仰在漳地极盛。

与地方崇祀、信仰相应,历朝历代对陈元光多有封赠。唐开元四年,朝廷封赠陈元光颍川侯。五代吴越王追赠保定将军、太尉、尚书

松洲书院(芗城松洲村)

令。宋代累朝历封至灵著顺应昭烈广济王。明初正祀典，改封昭烈侯。

宋时，陈元光的家人亦有封赠。绍兴二十年（1150年）六月，封父陈政为胙昌侯，母吐万氏为厚德夫人。妻种氏，建炎四年（1130年）八月封恭懿夫人，绍兴二十年（1150年）六月加封"肃雍"。子陈珦，绍兴二十七年（1157年）四月封昭贶侯。孝宗乾道四年（1168年）九月，陈政加封胙昌开祐侯；吐万氏加封厚德流庆夫人；种氏加封恭懿肃雍善护夫人；陈珦加封昭贶通感侯；曾孙咏封昭仁侯，谟封昭义侯，订封昭信侯。

淳祐六年（1246年），知州方来应县尉陈首龙的请求，春秋致祭威惠庙。明初，漳州地方官员在春秋二仲祀社稷、山川后，祭祀陈元光，仪节与社稷相同。威惠庙是官员祭祀陈元光及其家人、部将的宗教场所。祭物有：牛、羊、猪及笾、豆等。祝文曰："某官某敢昭告于昭烈侯唐将军陈公：惟公开创漳邦，功载有唐。州民允赖，庙食无疆！惟兹仲春（秋）谨以牲醴庶品，用伸常祭。尚飨！"

从古至今，漳州的官吏百姓，都十分尊崇陈元光及陈氏家族开漳建漳的历史功绩。

古楼威惠庙（漳浦古楼村）

宋代漳浦县令吕璹曾作《威惠庙》诗："当时平寇立殊勋，时不旌贤事弗闻。唐史无人修列传，漳江有庙祀将军。乱营夜杂阴兵火，杀气朝参古径云。灵贶赛祈多响应，居民行客日云云。"其中"唐史无人修列传，漳江有庙祀将军"一句，正是对于开漳圣王信仰流行于漳州的生动写照。

（三）开漳圣王成信仰

由于民众感念陈元光开漳治州、以身殉国的历史功绩，将其供奉为神，加上历代朝廷对陈元光及其家人、部将的多次赐封，便逐渐形成了以陈元光为中心的开漳圣王信仰体系，并发展出内涵丰富的开漳圣王文化。开漳圣王文化是以陈元光为代表的中原移民等创立的区域文化。它源于中华文明，传播于闽南、台湾以及东南亚地区。它的鲜明特色是血缘祖根文化与信仰文化。

现在漳州共有开漳圣王庙宇300多座，台湾也有开漳圣王庙宇300多座。除漳州外，福建、广东、河南、浙江、江苏、江西、广西、海南等地，也有祀奉陈元光父子的祠庙。而随着海峡两岸人民的迁徙，开漳圣王信仰相继传播到新加坡、菲律宾、马来西亚、印度尼西亚、泰国、越南等东南亚国家，甚至到了日本、美国等国。海内外的信众超过2000万人。开漳圣王被尊为闽台圣宗。

如今，每年回漳寻根朝拜的台湾和海外乡亲有数百批，数万人次。他们既是开漳圣王信仰的忠实信众，又是漳州先民在台湾及海外繁衍生息的后裔，与漳州人民拥有相同的血缘和神缘。这种血缘文化与信仰文化紧密结合的文化现象，是开漳圣王文化最具特色、最有影响的亮点与魅力。而这也正是今天我们研究开漳圣王文化的现实意义。

二、朱熹高弟 理学真儒——陈淳

陈淳生于宋绍兴二十九年（1159年）正月十五日。从万历癸丑《漳州府志》的地图来看，陈淳的故居在二十三四都香洲古渡附近。直到清初，宗人府丞唐朝彝拜访陈北溪故里，当地百姓仍能指明所在。他在《陈北溪故里》一诗中写道："村落半榛芜，乔木尚苍翠。北溪故里间，父老能指示。"

（一）开漳后裔

陈淳，字安卿，龙溪人，师从朱熹，南宋理学家，学者尊称"北溪先生"。根据地方志、谱牒等文献的记载，陈淳当属陈圣王·北溪派，为开漳陈氏第二十世裔孙。万历癸酉《漳州府志》载："唐将军有开国之功，故其枝叶繁衍至于今不绝，亦天理也……而其贤者如北溪公，为一代大儒无容论矣。而景肃公师事高登，历官著绩，亦一时之明隽也。"万历癸酉《漳州府志》又云，陈植为陈景肃次孙，"幼受学于世父安卿"。陈景肃属陈圣王·南江派，其后裔衍派漳州多地，形成景肃派。可见，陈淳与陈景肃同为开漳陈姓后裔。

（二）朱门高弟

开漳陈氏衍至宋代，枝叶繁茂，才俊辈出。初考诸版本《漳州府志》，进士有陈景肃等13

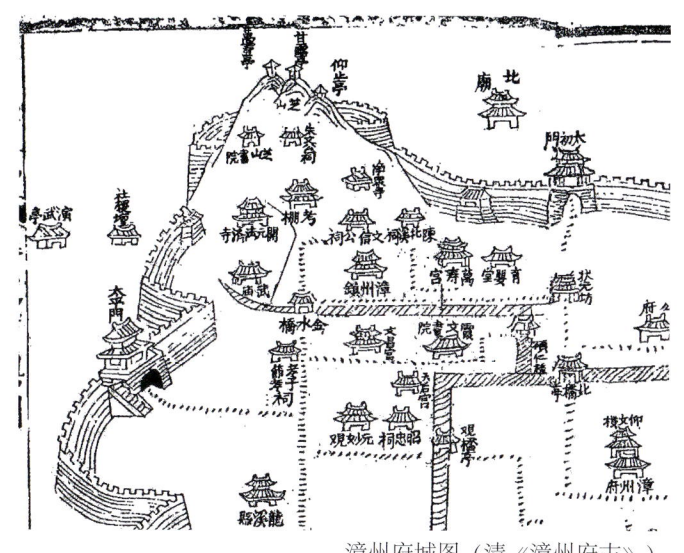

漳州府城图（清《漳州府志》）

人，特奏名有陈淳等10人。陈氏才俊中以陈淳最为著名。

陈淳出生于穷乡僻壤，既没有名师教导，也无从了解鸿儒学说，自小所学的都是以科举考试为目的的"世儒俗学"。在他二十二岁时，也就是淳熙七年（1180年），出现了人生中的一次重大转折。高登门人林宗臣见到陈淳，认为他颇有天赋，提出劝告："子之所习，科举文尔。圣贤大业,则不在是。"并将朱熹与吕祖谦合编的《近思录》授予陈淳。《近思录》是理学的入门书。诵习此书后,陈淳"始知濂洛之渊源",对理学产生了浓厚的兴趣。此后,他又搜集了一系列理学著述,潜心研习,对朱熹的学问益加尊崇,极力称赞。

淳熙十六年(1189年),陈淳赴临安参加秋贡,他希望通过这次考试,不必再为科举所累,可惜未能如愿。不料柳暗花明,次年四月,朱熹出任漳州知州。这一次,陈淳终于有机会面谒朱熹,实现这桩在心中盘桓了十年之久的心愿。

同年十一月十八日,他以所著《自警诗》为赞,拜会朱熹。朱熹于次日在郡斋召见陈淳。二人相见恨晚,朱熹知晓陈淳用功极深,以上达之理启发,授以"根源"二字。他说:"凡看道理,须要穷个根源来处。"二人相谈甚欢,朱熹又说:"某到此来,未曾将这般道理说与人,今向公都说了。"陈淳对朱熹的这番教导心领神会,对自己要求更为严格。此后,陈淳时常造访郡斋,与朱熹讲论,有时一直探讨到晚上。

朱熹将陈淳视为得意门生,评价他"齿虽尚少,学已知方"。绍熙二年(1191年)二月初二日,朱熹发《漳州延郡士入学牒》,创置宾贤斋,延请黄樵仲、施允寿、石洪庆、李唐咨、林易简、陈淳、杨士训及徐寓等八位"耆德之儒"入州学,使其为诸生表率。李唐咨是陈淳的岳父,将小女儿许配给陈淳。陈淳与李氏相敬如宾,育有一子二女。

同年四月二十六日,朱熹卸任,五月初二日离漳,陈淳送别至同安县东沈井铺。朱熹离漳

北溪(浦南段)

蓬莱渡

后,常与人说:"南来,吾道得一安卿。"同门之中,有时众人在学术上意见不合,有所争论,朱熹则称陈淳为善问。据陈沂的《叙述》,朱熹离漳后,陈淳"推详所授根原",将所思所得写作问卷,寄给朱熹批改。评语中有"看得甚精密"之语。

师徒二人自同安一别,有十年之久未能再见。虽然朱熹时常写信招延,但陈淳困于生计,需以开办蒙馆,教授儿童为业,故不能轻易成行。庆元五年(1199年)十一月,陈淳与岳父李唐咨一同前往建阳考亭,拜见朱熹。此时朱熹疾病缠身,健康状况极差,陈淳与其他门人遂入卧听教。《朱子语录》记录了师生间的交谈。朱熹问他:"相别十年,有甚大头项工夫,大头项疑问,可商量处?"陈淳述以十年所学。朱熹颇有感慨,喜其"已见根原",又指出"当大作下学之功,毋遽求上达之见"。他鼓励陈淳应当游学四方,多与其他学者交流。庆元六年(1200年)正月,陈淳与李唐咨辞行。在饯席上,朱熹再次劝告陈淳:"安卿更须出来行一遭,村里坐,不觉坏了人。"对陈淳的关心爱护,由此可见。临行前,朱熹又以当下再见为嘱。谁知此次竟为永别。三个月后,朱熹病逝。死讯传至漳州,陈淳悲痛万分。他在《奠侍讲待制朱先生》一文中写道:"于临岐之丁宁,且再约乎兹冬。岂谓斯言之在耳,反为永决之悲伤。呜呼!而今而后,有疑无复质矣,但日诵遗编以自考,而无严训之忘。薄写情而寄奠,泫流涕其淋浪,惟昭明而不昧,有以迪乎愚衷。"

（三）南漳真儒

朱熹逝世后，陈淳依其教诲，"痛自裁抑，一扫平日立定大底意见，平心下气，悉力探讨。于书无所不读，于事无所不格，凡千条万绪，分合出入，实是实非，惑难辨者，无不毫分缕析，各有以诣其极而无余"。经过这一番苦心磨砺，陈淳学问大成。莆田人陈宓称："至是，夫子之所以教，先生之所以学，彻上彻下，该贯精粗，无复遗恨矣。"

陈淳的一生，绝大多数岁月都是在故乡北溪度过的。平日里，他僻居村社，不沽名利，恬然自得。他身为一介布衣，却声名在外。许多人都知道他是朱熹的嫡嗣弟子。有志于道者，途经漳州，便会登门拜访。

漳州的地方官员对陈淳颇为敬重，向他咨询求教。嘉定五年（1212年），知州赵汝谠将朱熹原设于州学的三先生祠，增祀朱熹，改为四先生祠。祠成后，赵汝谠亲自上门邀请朱熹门生李唐咨和陈淳参与释菜之典。释菜之日，李唐咨与陈淳"执事其旁，苍发布袍，容体肃衎，人始知公之弟子也"。

身为知识分子，陈淳有着强烈的社会责任感，对时局十分关心。他曾代写奏稿，指出南宋朝廷不应偏安一隅，丧失警惕。这种爱国主义的精神，在他两位漳州籍的学生身上也得到了体现。一位是他的族侄陈植。陈植于宋末提督岭南海路兵马，在宋末进行抗元斗争，遭元兵抓捕，改换姓名藏匿于诏安白叶、九侯一带。他临终嘱咐："葬我必南望崖山。"另一位学生是漳浦人蔡逢甲。南宋亡国后，蔡逢甲不肯出仕，自号"弃夫"，临终前自题其墓"前宋进士蔡逢甲墓"。

香洲桥铭文

陈淳对地方事务也很有见解，慨然向地方官员直言利弊，内容有"止横敛、惩豪奸、禁屠牛、惩穿窬、戢海寇，及请改学宫、徙贡闱、罢塔会、禁淫戏、祷山川社稷仪节"等。他提出的建议都切合实际，具有可行性。陈淳在《拟上赵寺丞改学移贡院》一文中提出的改建南桥于水云馆前和建贡院于开元寺之地等建议，在后世得以实现。明万历二十八年（1600年），知府韩擢依照此议，建南桥（即新桥）于水云馆前。清末，左宗棠以北溪旧议为由，建督学试院于开元寺遗址。

陈淳自觉负有传授理学的使命，热心教学，循循善诱。他常与人书信往来，探讨理学，答疑解惑。然而僻居乡村，信息不通，交流不便。嘉定十年（1217年），陈淳因待试留寓中都临安。这一次，他在临安停留了一段时日，收获颇丰，除了获得特奏名出身，还结识了多位士大夫，同他们讲学论道。同年八月初，陈淳返乡途经严州，受郡守郑之悌的邀请，在郡庠讲学。他痛感"都下士夫"多沉溺于象山之学，感到了捍卫师门学说的压力。于是，陈淳写下了《道学体统》《师友渊源》《用功节目》《读书次序》四篇讲义，合称《严陵讲义》。讲义旨在指明理学的"切要路脉"，使人在学习时可以以此为纲，循序渐进。他又作《似道》《似学》两篇辩论文章，以驳斥异端。

次年，陈淳再次前往杭州。他被授予迪功郎，任命为泉州安溪主簿。但是陈淳并未赴任。根据陈淳的律诗和《祷雨良冈山》一文，他曾经代理过长泰县的主簿。嘉定十五年（1222年），陈淳以恩循修职郎。

嘉定十六年（1223年）四月一日，陈淳逝世，享年六十五

香洲桥

奇富庵

岁。消息传出后,学者痛慕,有人奔丧,有人在家中设位痛哭,还有人作奠文以寄哀思。宝庆三年(1227年),陈淳的学生苏思恭、梁集、陈沂等人请求陈淳的友人陈宓为其书写墓碑,并作墓志铭。陈淳葬于龙溪县二十四都坂头保崎岭社,墓碑上书:"呜呼!有宋北溪先生之墓。"到了明代,晋江人文学家王慎中重新立石。嘉靖三十五年(1556年),龙溪县知县蔡亨嘉在陈淳墓前立坊,榜曰"朱门高弟,漳土真儒"。

(四)千古流芳

淳祐六年(1246年),知州方来在龙江书院东侧建道原堂,也就是朱文公祠。"道原"之名,源自庆元元年(1195年)朱熹与陈淳在郡斋的那场交谈。此后,漳州的朱文公祠,多以陈淳为配祀。

明成化初,行人司司正林雍上疏朝廷,请求将陈淳从祀于文庙的两庑,或是立祠专祀。此疏不报。成化九年(1473年),刑佥事林克贤命同知蒋潘建陈北溪祠于芝山南麓(即今漳州一中东南角，祠已不存）。成化十三年（1477年），知府姜谅塑陈淳像于其中，委托提学副使周孟中作《陈北溪先生祠堂记》。弘治五年（1492年），户部左侍郎吴原请赐祠额，春秋奉祀。清雍正三年（1725年），清廷将陈淳增祀入文庙，列东庑。列祀文庙的漳州人仅有两名，另一人是明末学者黄道周，祀西庑。

民间亦崇祀陈淳。龙文区扶摇关帝庙旁，旧有陈北溪祠，毁于20世纪50年代，村中老人犹可述其规制。芗城区浦南镇溪园村的奇福庵亦奉陈淳。其神位设于主祀保生大帝旁，名曰"北溪先生"。

虽然朱熹知漳仅一年，但是对漳州历史文化的发展却有极其重要的意义。而陈淳作为继承朱门正统的学者，也对后世产生了深远的影响。如正德《大明漳州府志》中福建按察司副使姚镆在《漳州府志序》中写道："……人物班班今古，惟安卿陈公为著；宦游于是，率多世之名流，亦惟紫阳朱子治郡之迹为著。"

陈淳一生著述颇丰，有《语孟大学中庸口义》《字义详讲》《礼诗》《女学》《筠谷濑口金山所闻》等。《字义详讲》就是后世流传甚广的《北溪字义》。陈淳的儿子陈槃将父亲的其他著述以及书信编次成书，共五十卷，即《北溪先生大全文集》。清代学者全祖望评价他"卫师门甚力，多所发明，然亦有操异同之见而失之过者"。他的思想在朱子学中有着重要的地位，直到今日，仍然为学者们所关注、研究。除了理学思想，陈淳著述中关于漳州地方状况的部分，是宋代漳州珍贵的第一手史料，同样值得我们关注和研究。

北溪先生神位（奇富庵内）

三、《俊美陈氏家谱》浅析

俊美陈氏属陈圣王·北溪支系。开基祖陈均惠，字仁轩，生于南宋宝祐二年（1254年），是陈政的二十四世孙，宋代著名理学家陈淳的四世孙。《俊美陈氏家谱》由俊美七世孙陈汉恢撰于明弘治十七年（1504年），是一本漳州现存的成书年代较早、续写脉络较为清晰、保存史料较多的古谱，具有一定的史料价值。

圳尾龙应寺（龙海俊美村）

（一）《俊美陈氏家谱》概况

据《家谱》的《陈氏家纪》记载，陈均惠于元初因不愿接受达鲁花赤的征辟，而逃居蛾山阳麓，肇居俊美（今属龙海市东园镇过田村）。俊美陈氏衍派极盛，裔孙传衍漳州龙海市的多个村社以及漳浦县、云霄县、平和县、南靖县、华安县，泉州市的惠安县、安溪县，福州市的福清市、长乐市、闽侯县等地，并传衍省外多地，还有台、港、澳地区，甚至远至海外多国，是陈圣王派系的一个重要支派。

大约在明成化到弘治年间，圳尾下炉内房的六世孙陈廷耀（字环，谥者德）兴建大宗祠于俊美下，"立祠祀，序昭穆"，每年春冬二祭。陈廷耀建立宗祠后，没有来得及撰写族谱，便已逝世。他遗嘱长子陈汉恢（字鸿）要完成他的遗愿，继续修谱。根据陈汉恢所作的序言，在他修

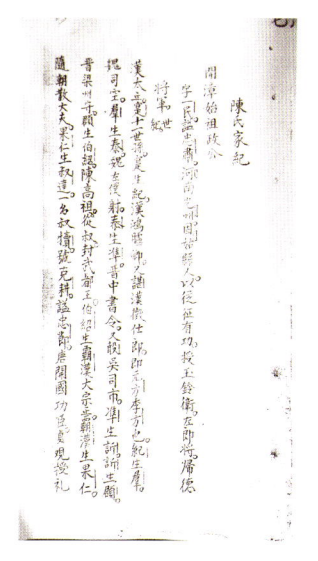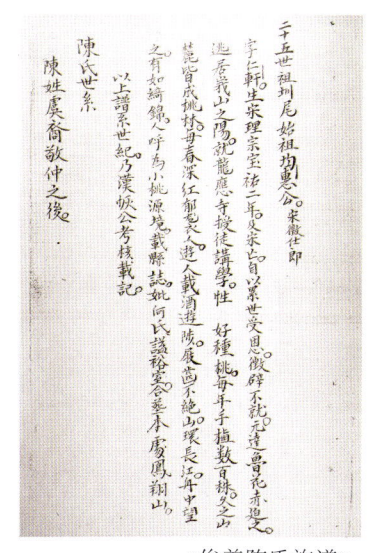

《俊美陈氏族谱》

圳尾陈氏大宗

谱之前,已有一份旧谱在手。"夫旧谱自玉钤将军以下二十五世已祥(原文如此,应作详)明备核,亲疏可一批阅而知。惟均惠公至今生齿日衍,世数渐遥失,今不修,必至道路不识。"可见在明朝弘治年间,俊美陈氏已有一份从开漳始祖陈政、陈元光至俊美开基祖陈均惠的旧谱,其间的传承记载十分清晰,而自陈均惠之后,便没有再进行修谱,以致可能出现同族之人"道路不

识"的情况。因此,陈汉恢除了要整理旧谱外,还要编写陈均惠以下的裔孙世系。他修谱的过程颇为辛苦,"携餐结履,走东西,搜远裔,而载之使不漏","制图作序",以一己之力修成俊美陈氏的第一本族谱。

《家谱》修成的123年后,十世孙陈徽猷于明天启七年(1627年)接修族谱。他花了七个月的时间收集宗亲资料,编写各房世系。这本续修的族谱一共有二十三本,每房各分一本。族谱卷首为陈汉恢和陈天焕所作的两篇序言。可惜现存的《家谱》中只有陈汉恢的序言。

在此之后,《家谱》虽然没有续编,但俊美陈氏后裔仍然做了数次抄集,补充了一些姓氏资料。陈徽猷在《接修俊美大宗族谱序》中提

圳尾龙应寺内"桃源深处"匾

及，浯洲杨宅陈氏认为俊美开基祖陈均惠属其二房派下，自金门到俊美开基。陈徽猷未能对此做出定论。清乾隆四年（1739年），十五世孙陈曰义和撰《辨疑实录》，并将杨宅陈氏世系及两篇谱序抄录于《家谱》中，以便后人考证。乾隆五年（1740年），十四世孙陈忠成也作《辨疑》一文，"候高明裁之，俾可释徽猷公之疑也乎"。

乾隆三十八年（1773年）、咸丰八年（1858年），俊美陈氏裔孙两次抄集《家谱》。现存的《家谱》就是咸丰八年的版本，收录的篇目有《家规八则》《俊美陈氏族谱序》《陈氏家纪》《陈氏世系》《接修俊美大宗族谱序》《辨疑实录》附《重山所抄浯洲杨宅分派世系》及《抄杨宅谱序略》《辨疑》《圳尾陈氏世系》《祖祠列祖名次》和《本族科目提名录》。但是根据《圳尾陈氏世系》中十九世陈仙景及其妻郭命娘的生卒年月看，该世系至少续写至民国五年（1916年）为止。

综上所述，《家谱》成书于明弘治十七年（1504年），天启十七年（1627年）续修，清代至少抄集两次，并且一直续写世系至民国五年（1916年）。它从成书到最后的续写时间，有412年之久，并且留存于今世，虽有残缺，仍保留有丰富的姓氏资料，可谓珍贵。

（二）《陈氏家纪》浅析

《家谱》中的《陈氏家纪》由陈汉恢"考核载记"而成，记载了自开漳始祖陈政到二十五世俊美开基祖陈均惠的生平事迹和子孙繁衍。其中

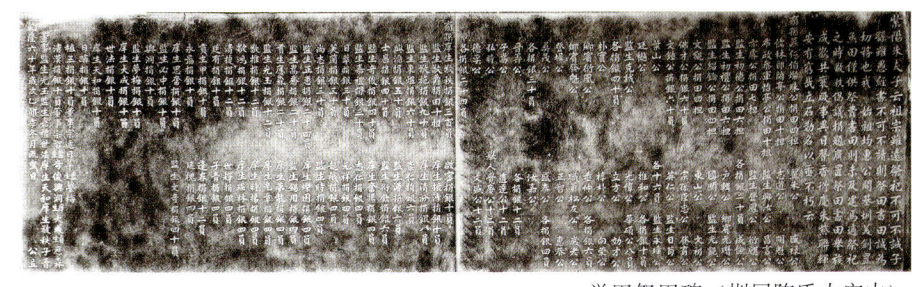

学田祭田碑（圳尾陈氏大宗内）

如陈政、陈元光、陈珦、陈酆、陈谟、陈咏、陈诩和陈淳都是漳州乃至福建地方史中的重要人物。尤其是前七位，由于漳州唐宋两代在历史文献上的缺失，基本只能依靠明清时期的地方志和族谱进行历史研究。明正德编撰的《大明漳州府志》是如今可供查阅年代最早的漳州方志。其成书时间为正德八年（1513年），比《家谱》要晚9年。除了成书时间较晚外，正德《大明漳州府志》在内容上也比《陈氏家纪》简略。它只记载了陈元光一人的传纪，对陈珦、陈酆、陈咏、陈谟、陈诩只作简单的罗列。因此，《陈氏家纪》可以弥补地方史志在唐代漳州史料上的不足。本文将对《陈氏家纪》中陈政等人的人物传纪与府县志进行对比，以考察《陈氏家纪》与官方史料的异同。限于篇幅，仅选取陈政、陈元光作较为详细的对比。

《陈氏家纪》将陈政列为开漳始祖，先叙其世系，继而记载入闽平乱之事，节录如下：

唐（高宗）总章二年，岭南蛮獠作乱，泉潮帅守不能制，乃命公为朝议大夫，统岭南行军总管事，挂新钰印符，伏旧授节钺，□府兵三千六百名，副兵许天正等以下乙百二十三员，往七闽八粤交界之绥安县，剿抚蛮寇。初公以疾辞。诏曰：莫辞病，病则朕医；莫辞死，死则朕埋。太医李茹刚偕行。进屯九龙岭下，因众寡不敌，请援兵。朝命以公兄敏、敷领兵校五十八姓来援。敏、敷道卒，母魏氏代领至闽。乃进屯云霄镇，相视山川，开屯建

清光绪楹联（圳尾陈氏大宗内）

堡，作宅于梁山下火田村。尝渡云霄江，谓父老曰："此水如上党之清漳。"因称漳江。（高宗）仪凤三年四月薨，为闽潮诸陈始祖。妣司空氏。

府县志中有关陈政的记载最早见于明万历癸丑《漳州府志》和何乔远的《闽书》中的《陈元光传》。清康熙《漳浦县志》首次将陈政列于《名宦》之首，并且首次将唐高宗命令陈政入闽平乱的诏书收入《艺文》。《陈氏家纪》的内容与这些府县志大同小异。如"命公为朝议大夫……往七闽八粤交界之绥安县"一段文字，与唐高宗诏书的内容十分相似。尤其是入闽时间、陈政所任官职、府兵人数及副将人数等关键节点上完全相符。而之后如退守九龙山，陈敏、陈敷与魏氏率五十八姓来援，开屯云霄火田以及取名漳江等历史时间亦与府县志相同。所不同者，只有陈政逝世的时间。府县志载为仪凤二年四月，《陈氏家纪》记为仪凤三年四月。

而关于陈元光的记载，《陈氏家纪》也可与府县志之文相互印证。

二世祖元光，字廷炬，号龙湖，生而颖异，博通经史，举光州乡荐第一，从父戍闽中。忠肃公卒，朝命袭领父众，扫徐群凶，荡平蛮粤。州人以功闻于朝，并请乞兼帅泉朝。制可。（武曌）垂拱三年，疏请建一州于泉潮间，以控岭表，乞置刺史以治之。朝议郎公以兼秩，进封怀化大将军，漳州刺史。别驾以

圳尾陈氏族谱

清楹联（凤鸣威惠庙内）

下，听自选用。复立四行台，巡逻境内。东距泉建，西逾潮广，南尽岛峙，北抵虔抚，上下数千里，蛮畏其威，民怀其德。按先忠肃公，葬云霄山，有望气者言其域有王气，公愕然，亟徙葬大溪峰。后葬祖父母于半径山，承重结庐，守制三年。其题石有云："万里提兵路，三年报母慈。剑埋龙守壤，石卧虎司碑。"人称为半径将军。（唐睿宗）景云二年，蛮寇复起于潮。公轻骑讨之，步卒后期，为贼将蓝奉高所伤，至大峙原卒。百姓如丧考妣，将遗体立庙，涅塑于大峙原而祀之。赐谥忠毅，赠豹韬镇军。（唐玄宗）开元四年，徙治李澳川，诏立庙及盛德世祀之坊。曾孙谟恐遗体涅塑，不免暴露，请与夫人仲氏合葬松州堡林宅内猴坑高陂山，建庙松州，扁曰"归全"。（宋徽宗）宣和二年，赐名威惠庙。（南宋高宗）建炎四年，始作庙于城北外，凡五百楹，置松州旧租一百三十石于乡。（宋高宗）绍兴二十年，追封灵著王。（宋孝宗）乾道四年，封广济王。明正祀典，改封昭烈侯。公博通经史，在军手不释卷，所著有《玉钤记》《兵法》《射决》《黄石公素书》及《太公韬略》。精于诗歌，所传《初建漳州落成会咏》《漳州新城秋宴》、《晓发佛昙桥》《半径寻真》《太母魏氏半径题石》及《示珦公》诸诗，已为盛唐权舆焉。

与明朝的三部漳州府志对比，《陈氏家纪》的记载显得颇为可信，并无明显的冲突之处，有

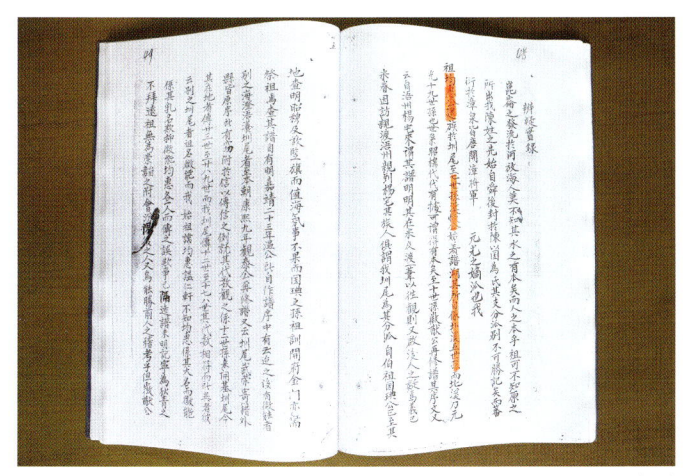
圳底陈氏族谱

些表述甚至与府志十分相似。如"东距泉建，西逾潮广，南尽岛峙，北抵虔抚，上下数千里，蛮畏其威，民怀其德"一句，明正德《大明漳州府志》则为"东距泉建，西逾潮广，南抗岛峙，北抵虔抚，威望凛然，方数千里无桴鼓之声"。"后葬祖父母于半径山……赠豹韬镇军"一段，也和明万历癸丑《漳州府志》的记载很接近。

《陈氏家纪》也有和府县志以及其他史料不同的地方。《陈氏家纪》中说陈元光于垂拱三年（687年）请建漳州，但唐代的《元和郡县图志》已写明漳州是"垂拱二年析龙溪南界而置，因漳水为名"。在宋代对陈元光的敕封上，也与《宋会要》的记录不同。

《陈氏家纪》的另一谬误则是将《黄石公素书》和《太公韬略》当作陈元光的作品。若结合明正德《大明漳州府志》的记载，就很清楚了。"所著《兵法》《射决》与《黄石公素书》和《太公韬略》相表里。"陈元光所作的《兵法》《射决》与这两本书的内容互为表里，意指陈元光对兵法造诣颇高。

虽然有上述的谬误，《陈氏家纪》仍然为我们提供了不少资料。除了可以和府县志相互印证的内容外，它还补充了一些历史细节。如陈谟曾在松洲威惠庙题扁"归全"。宋代的北庙有"五百楹"，规模宏大。由于历代府志只大略记载了北庙的历史沿革，对它的形制却没有太具体的描写。这"五百楹"三字可使人们想见当时威惠庙的规模之大,崇拜之盛。谱中所记陈元光著作为《玉钤记》,亦与历代府志、省志记载相同。根据《陈氏家纪》的记载,现在所流传的《龙湖集》似为后人所集,与《玉钤记》并非一书。

至于陈珦、陈酆、陈谟、陈咏、陈诩等人的记载,《陈氏家纪》也和地方志相似。此处不再详述。

(三)结论

前文述及陈汉恢修谱前,已有一部自一世陈政载至二十五世陈均惠的旧谱。而现存陈汉恢所著的《陈氏家纪》也只记载了这二十五世。也许我们可以做出这样的推断,陈汉恢编写《陈氏家纪》正是依据这本旧谱中的资料。

由于旧谱所记载的最后一位人物陈均惠正处于宋元交替之时,所以旧谱的成书年代最晚可定于元初。而族谱的修撰大多是在宗族兴盛之时,不大可能在开基之初就开始修撰族谱。且俊美陈氏也认为是"汉恢公始著谱"。因此陈汉恢手上的这本旧谱并非俊美陈氏族人所编,而很可能是宋代北溪陈氏族人修撰的族谱,续写至陈均惠一代。也就是说,《陈氏家纪》的资料主要是宋代北溪陈氏族谱的内容。

而根据之前《陈氏家纪》和府县志记载的对比,可以发现,它们对陈政、陈元光的记载虽然有所差异,但在具体历史事件的记载上却基本一致,甚至于部分文字表达完全相同。《陈氏家纪》写于弘治十七年(1504年),比明代最早的正德《大明漳州府志》的成书时间早9年,因此基本不存在从府志中撷取资料的问题。而府志也没有完全照抄《陈氏家纪》的内容。它们之间的相似更像是因为在弘治十七年之前,已经有了一个相对成熟、完整的陈政、陈元光家族开漳治漳的历史文本。所以即使《陈氏家纪》和三本府志各有不同的史料来源，而且文字表达也各有不同，但在内容上仍可相互印证。

这个历史文本可能形成于宋代，在陈圣王派的陈氏族人编写的族谱、漳浦《威惠庙集》和宋代淳熙、嘉定、淳祐年间编修的漳州志中不断发展和完善。然而到了明正德年间，宋代所修的漳州志只余半部《淳祐志》，后来又因天灾人祸而不传于世。我们已无从考证这个文本的雏形和发展历程。

但是明清两代的府县志仍然表现出为了满足丰富、完善开漳历史的需要，不断从家谱等材料中寻求新的史料，来补充记载的倾向。因此出现了年代越晚，记载越详的情况。然而记载越详细，则后人附会之辞越多，反而有损开漳历史的真实性。《俊美陈氏家谱》虽然存在一些谬误，但仍是目前漳州地方史料中最早完整记录了陈氏家族开漳治州历史的族谱之一，其研究价值不言而喻，有待于史学工作者的进一步发掘和运用。

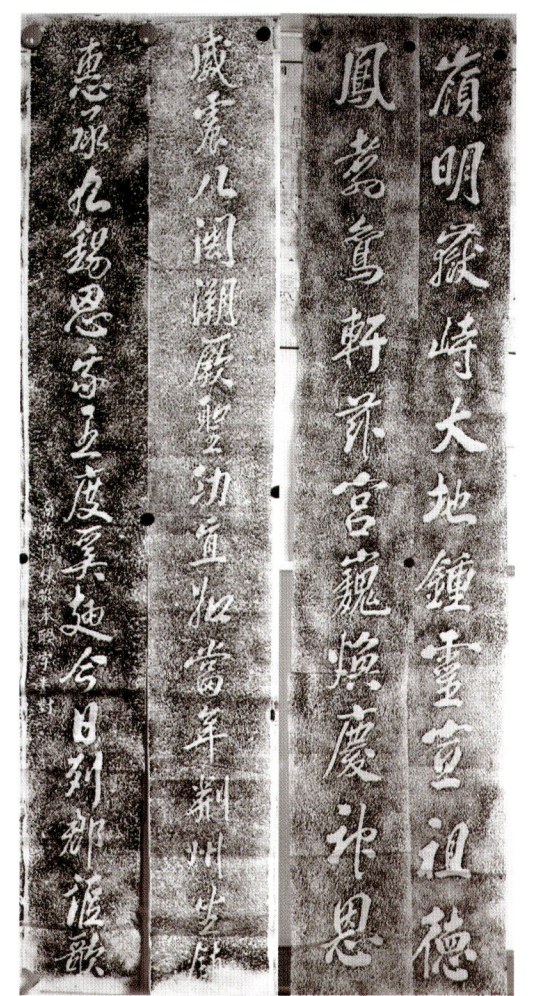

清楹联（凤鸣威惠庙内）

四、开漳周氏名第扬

唐总章二年（669年），府兵校尉周广德随陈政、陈元光父子自河南光州固始入闽平乱，开基漳州。裔孙周匡物为漳州首位进士。周广德的后裔衍派漳州各县市、广东多地，迁徙台湾、香港，以及东南亚多国。

漳城南郊有个叫双第的地方，人们耳熟能详，知道那里有华侨农场，每个归侨家庭都能烹制诱人的南洋风味美食，农场生活具有鲜明的异域情趣，被称为"小联合国"。双第周边乡村流行一句俚语："双第内，芋仔埔。"说的是双第盛产芋头，其形状别具一格，芋头结成排状母子瓣，酷似一排趾蹄，叫"九蹄芋"，不仅如此，"九蹄芋"吃起来又松又香，其独特美味别处无法替代。从古代至近代，双第曾声名远扬，时间跨度超过一千年，个中缘由，当然不是缘于美食，而是关于教育的话题。

（一）"名第"之成名

双第原是一座山脉的名称，之前叫天成山，在唐代，九龙江（西溪故道）支流从山麓流过，当地人叫"九十九坑"。因依山傍水，地理得天独厚，蜿蜒幽深的山谷间村庄星罗棋布，其中有个石斗村，是周氏族人聚居地，周氏开漳祖是随陈政入闽平乱的府兵校尉周广德，其后裔择居于九十九坑石斗岭三条坑山麓，传至周匡业、周匡物，他们兄弟在天成山建自隐堂发奋苦读。唐元和十一年（816年），周匡物金榜题名，进士及第，开漳州士子登第之先河。周匡物是漳州建州整整一百三十年，产生的第一名进士，是漳州科举史上具有里程碑意义的大事。当初，周匡物未登第时，其诗文早有声誉。曾赋《轩辕古镜歌》诗，有名句"欲向高台对晓开，不知谁是孤光主"，主考官王播读后对周匡物的才学很欣赏，说："会当与子作孤光主耳。"揭榜之后，皇帝嘉赏周匡物，敕改天成山为名第山，周匡物因此号称"名第先生"。官至高州刺史。在此之前的贞元八年（792年），周匡物之兄周匡业明经登第，兄弟双双登第，山名又改为同第山，也称双第山。

因皇帝嘉赏，敕改名第山，"名第"二字成为金字称号，由此开启"名第"一词冠名热潮。漳州内城东濠正在建造的桥梁，及时地命名为名第桥（今东桥），子城东门之一命名为名第门，之后，又在名第桥东侧立名第坊，西侧建名第祠。距城南五里建名第院，名第山自隐堂边建周先生祠（名第祠），自隐堂改称名第书堂。

无独有偶，石码镇区也有名第桥。桥跨于卢沈港，卢沈港因港畔聚居沈卢两姓族群而成名。当年正在建造桥梁之时，传来周匡物进士及第的喜讯，遂命名为名第桥。据立于桥头的古碑文所记"名第桥，始建时，周先生匡物登第，故斯名也。非以御史沈源公连中而名之耶"。名第桥建于周匡物登第的唐元和年间，历史悠久。因天长日久，竟被后人淡忘。卢沈港原是九龙江（西溪）主航道，继而形成港埠，桥头设有卢沈墟。至明万历年间，桥已讹称为

天成山（名第山、双第山）

卢沈桥，海澄西坊人陈仪（明万历三十五年进士，官至湖广参政），特地撰写碑记，予以纠正。现桥匾竟然标为罗锦桥，实是一讹再讹的谬误。碑记中提及的沈源，海澄人，明天顺甲申（1464年）进士，官至监察御史。

（二）"名第"之扬名

名第山周氏族人，至五唐末五代乱世之际，迁徙龙岩，宋治平年间（1064—1067年）返回。元末至正年间（1341—1368年）陆续迁徙他乡：有迁紫泥浒茂锦里（俗称港尾）；有迁榜山坂头、洋内、姚厝、浦桥、南山、柯仔林、辕门内；有迁海沧，分布在衙内、后井、内坑、石角头四社；还有迁漳浦县，甚至迁往广东海陆丰等地。紫泥城内村锦里社周氏宗祠有一副楹联"书香绵世泽，至正省元支分开锦里；双第衍家声，治平科甲木本自龙岩"，清晰地描绘出双第周氏的迁徙路线。名第山周氏族人后裔无论迁往何处，都能秉承耕读传统，自勉奋进，人才辈出，见诸记载有如下：

周汉杰，周匡物之子，授当州司户参军，后为漳浦县令。

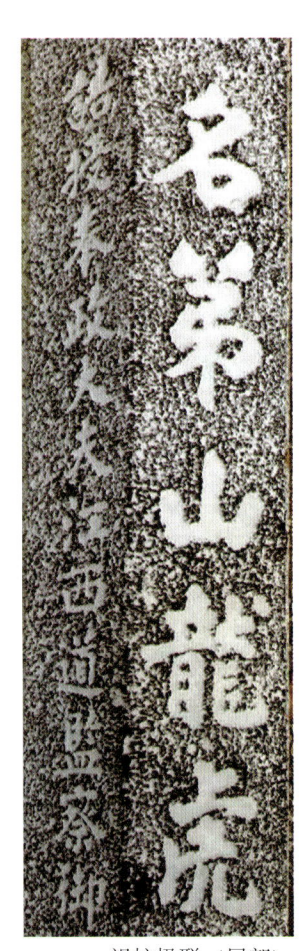

望柱楹联（局部）

周纯，字潜夫，周匡物裔孙，宋治平四年（1067年）进士，任建安令，有惠政。升员外郎、应天知州。以朝散大夫、直密阁致仕。

周绰，周纯之弟，宋熙宁年间（1068—1077年）进士，官至户部员外郎。周纯、周绰兄弟俩都在户部任职，史上称大小户部。

周邠，周绰之孙，宋乾道（1165—1173年）进士，南安大庚县主簿。

周佑，是迁居漳浦周氏族人。元至正七年（1347年）登举人榜第一名，周佑著有《边鉴近录》传世。

周起元，字促先，周匡物之裔孙，登万历二十八年（1600年）举人榜第一名。第二年即万历二十九年登进士。官至巡抚、右金都御史。周起元著有《奏疏》《居稽斋集》传世。

周琦，明万历四十六年（1618年）举人。

周祖笃，清康熙四十一年（1702年）举人。

周祖诒，周祖笃之兄。副榜。连江教谕。

名第山周氏族人中，周起元是继周匡物之后又一里程碑式的人物，以传奇的连科登第后，初任浮梁、南昌知府，为政洁己爱民，清廉有为，一路迁升。周起元在不同的职位上，都一贯秉公执政，刚正不阿，与魏忠贤为首的宦官集团进行针锋相对的斗争，上演一幕又一幕惊心动魄的正邪鏖战的活剧。魏忠贤采用假传圣旨的卑劣手段，将周起元削职下狱，消息传至漳州，漳城士

名第桥（卢沈桥）（石码登第村）

民奔走相告，纷纷涌上街头，踊跃捐钱以助为周起元请命申冤，一时街道为之堵塞，摆在四城门认捐的木柜不几天就装满钱，情景令人震撼。在魏忠贤邪恶势力把持的朝政之下，一代忠鲠之臣周起元在锦衣卫狱中被折磨至死。

崇祯元年（1628年），崇祯皇帝即位，立即为周起元平反，赠兵部侍郎，谥忠愍，勅建旌忠祠祀，作为周起元专祠。祠在郡学之西（今芗城区防疫站），有司春、秋致祭，立祠生一名，奉祀香灯。知府施邦曜为记。其祝文云："惟先生学殖深醇，履性坚刚，剔历中外，惠普洋洋。疏扶东林，魄褫貂珰，沉冤易雪，俎豆难忘。"康熙四十六年（1707年），邦人鼎新祠宇，巡海道宋致为记。明末，在漳州府城、海澄县城及海沧三地都为周起元建有石牌坊，海澄县丞上书朝廷，要求在海澄为周起元建祠。在京城、杭州西湖及江苏、广东、广西、四川等周起元任职过的地方，都为之建专祠。

周起元是周氏族人乃至漳州人的骄傲。崇祯版《海澄县志》评论周起元："赤心昭晰，生无媚骨。里居肃睦，里中儿称有患苦，咸仗公而瘳。盖出不负九庙，而处不愧三老。呜呼！伟哉！"周起元一生疾恶如仇，又对国计民生充满忧患情怀，特别是对沿海军事、政治、经济等关心备至，为家乡多处水利设施、海堤建设、航海安全倾注了心血，如倡议并谋划在圭屿建城建塔，确保海疆的安宁；如对海洋贸易持肯定和保护的态度，为张燮《东西洋考》写序等。

2017年新年伊始，大型历史人物纪录片《周起元》在厦门市海沧区启动开机，相信这将是人们了解周起元的一个好开端。

（三）"名第"之正名

从名第山到名第桥、名第坊、名第祠、名第书堂、名第院，是一系列文化认同，并一路升华的发展过程。难能可贵的是，与"名第"相关的文物保存至今的还有名第桥两座，一在芗城，一在石码，石码名第桥桥头保留三通重修名第桥碑记。近几年来，双第华侨农场寨仔作业区书记许峥明，不辞辛苦，陆续从田间地头发现并收集一批古建石构件残片，经查对石构件上的铭文，这是一批周匡物后裔功名旗杆石残件。这批"名第"系列文物，将是沟通"名第"发祥地（双第）与"名第"扬名地（今芗城和石码、海澄、海沧）之间互相印证的信物，也为重放"名第"光芒提供了极其重要的文物。

东桥亭（芗城区）

自唐元和十一年（816年）起，以"名第"命名的牌坊、桥梁、寺院、书堂、祠宇层出不穷，"名第"成为经典称号，经历朝历代，一直沿用。至清末，由于科举的废除，"名第"金色光环随之散去。科举走向绝境，是统治阶层的庸惰和低能而导致的。科举的初衷，是通过优胜劣汰竞争法则，选拔人才。后期的科举，特别是清代的科举，科考程序逐步趋向方便于官僚体系操作的僵化模式，科举制度走向背离优胜劣汰的竞争法则和社会实际需要的不归路。尽管科举制度消亡，一时导致"名第"的光环从人们的视野中消失，但"名第"称号所代表的敬重知识、激励勤勉、尊崇秩序的价值取向是永远存在的。今天，有必要再一次为"名第"扬名，因为这有利于雅化社会风气，凝聚社会正能量，激发人们对真善美的精神追求，也有助于中华传统文化的复兴事业，有利于增进漳州与台港澳同胞和海外侨胞的血缘联谊和文化交流。

"名第"（双第、同第）和龙溪、月港、丹霞、芝山、仰文、仰止等，这些经过时空沉淀的经典名称，秉赋深厚的文化内涵，是金子般传统文化珍品，也是漳州宝贵的文化财富，应该倍加珍惜，如合理地发挥和利用，将得到超乎想象的回馈。

周氏族人功名石刻（双第农场内）

开漳圣王文化撷英

双第溪洲土楼

五、芗江流芳开漳林

唐总章二年（669年），光州固始人林孔著随陈政、陈元光父子入闽平乱，任军咨祭酒一职。林孔著定居于柳营江畔西安社（今角美镇吴宅村），并建仰盂岩。后代传衍漳州，播迁省内外、台湾地区，以及东南亚国家。其后裔林应寅自龙海角美镇过井社迁往台湾台北板桥开基，形成林本源家族。林本源家族为台湾望族，对开发台湾，建设祖地做出了重大的贡献。

北溪（芗城溪园村段）

溪园村位于九龙江干流北溪东岸，是浦南镇辖下的一个行政村。该村坐落于芗城区、龙文区和长泰县三地交界处，村民一口地道的芗城腔调，村建于宋代，在八九百年的历史中一直隶属龙溪县游仙乡龙州里，明清划归廿三四都。全村皆林姓，是唐开漳功臣林孔著的后裔。村内保留有林氏宗祠崇本堂和古庙奇富庵、古香洲桥、古樟树等古迹。

永乐钟（奇富庵内）

唐总章二年（669年），林孔著是年二十八岁，跟随岳父陈政入闽平乱，官任军咨祭酒，卒于开元十年（722年），初葬龙峤山三片石下，宋绍兴三年（1133年）由堪舆家黄妙应相地，迁葬今溪园村，当年一同迁葬的尚有李伯瑶、宋用和杨氏等三位开漳功臣，因这四位姓氏和林字都带有"木"旁，世称"四乔木"。溪园村由此肇基，全部由林孔著后裔组成，林氏一族在此繁衍生息，至清末，他们的子孙散布于漳州府各县，有的向东移居浙江温州，西传到广东潮州、惠州，往南远播台湾及南洋等地。林孔著之墓茔与村庄隔江相望，是海内外孔著后裔祭祖圣地，近几年修葺一新。

林氏宗祠，临溪而建，祠前即是溪园渡口，祠坐东朝西，共有二进，挑山式双燕尾屋脊。正堂后墙镶一方石匾，居中楷书"宗祠"两个大

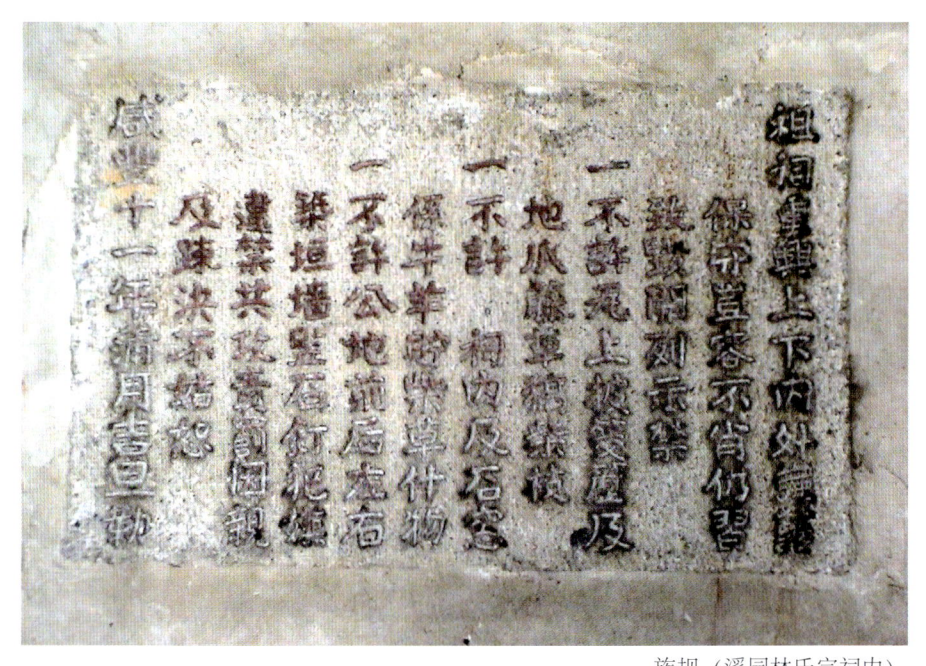

族规（溪园林氏宗祠内）

字，两侧小楷书"明崇祯元年建，清乾隆肆壹年重建"。门厅山墙镶一方石匾，是清咸丰十一年（1186年）重修后本族共立的公约，列三条禁示，内容是保护宗祠不受损坏之类。现存规模是清咸丰十一年重修的格局，不久前门舀石座上的石雕狮及门面两边的木雕螭虎窗被盗，目前村民正在集资，准备重新修缮宗祠。

宗祠的右侧有一株高大的古樟树，树根成盘爪状，延伸入溪，主干直接从根部分蘖为二枝杈，每枝粗达一人合抱有余，一杈已朽败，另一杈则枝叶茂盛。数百年来，古树树掩荫着渡口，默默目睹了溪流无数次的沉浮消涨，人间的多少聚散离合，一代又一代的人在她的眼皮底下走完人生旅途，古樟依然傲屹于北溪之畔，有"北溪第一樟"之美称。

奇富庵坐落于村中，坐北朝南，共二进，

门楣横挂木刻庙匾,门槛墨书楹联"溪流会合如财源进村,环山拱抱似贵人护社"。正殿左梁悬挂一口明代铁钟,钟高110厘米,口径67厘米,壁厚约5厘米,钟壁有一组铭文"龙溪县廿三四都奇富社福瑞堂募众等发爱心,铸造洪钟乙口,入于福瑞堂永充供养,祈求合境平安者。洪武己巳年正月日题"。洪武己巳年即1389年,福瑞堂可能就是奇富庵的前身,奇富社也许是溪园村的前身,明末大学士陈天定在《北溪纪胜》一文中提到了"溪园渡",更改村名应是在明代中叶的事。奇富庵正殿主祀大道公神,令人意想不到的是,神龛还供奉宋理学家陈淳(北溪)的雕像。

陈北溪的家就在溪园村对岸的蓬洲村,查乾隆版《龙溪县志》:"蓬洲,宋陈北溪故里也,其隔江相对为蓬莱为香洲,长泰之水田焉。"陈淳,字安卿,从少聪颖好学,曾受到林宗臣(1166年进士)的指导,早年即十分仰慕朱熹,曾打算北上拜朱子为师。绍熙元年(1190年),朱熹为漳州知州,陈淳携文稿拜会朱熹,朱看了陈的《自警诗》后,大感相见恨晚,于是二人在郡斋畅谈终日,朱熹欣然说道:"某到此未曾将这般道理说与人,今向公都说了。"谈话内容被朱熹一一记入《郡斋录》。朱熹离开漳州后,还多次向他人说起:"南来为吾道得一安卿门人。"足以证明陈淳的真才实学受到朱熹的赏识。

传说陈淳出生时,周围乡里百草皆香,因而

香洲桥桥头土地庙碑

便有香洲这一地名。传说终究归传说,其真假难辨,而香洲却确实存在过,香洲与陈淳故里——蓬洲仅一江之隔,香洲社位于溪园社的南侧,处在北溪与长泰溪(今龙津江)交汇点,这一地理优势使香洲渡比香洲社更出名,香洲渡东可直抵长泰通往安溪泉州府地域,西入龙溪郡城、南下海澄可跨海出洋,北接华封、漳平、宁洋、龙岩乃至汀州等,是旅行和商贾往来舟车换乘的必经之地,又是南北货物集散贸易的繁忙码头。元代在香洲渡设置税务机构,到明万历年间,香洲渡税收占了全漳州府税收额的近四分之一,货流中香木

林孔著墓(芗城溪园村)

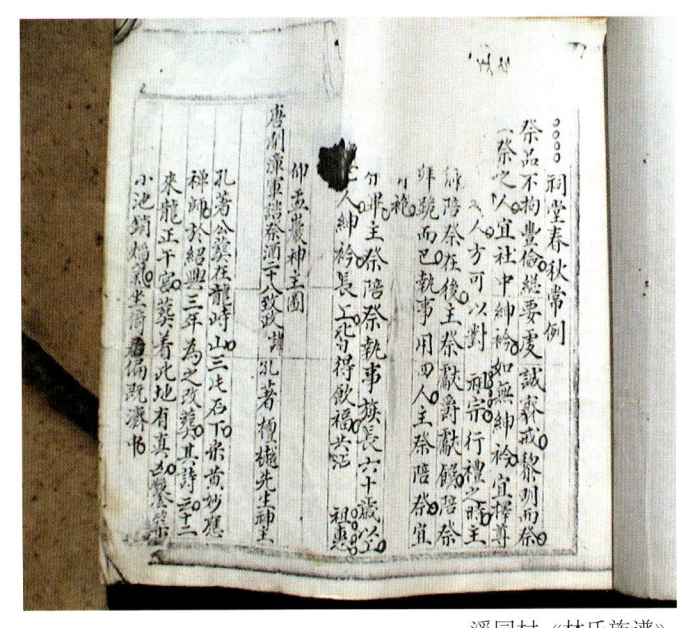

溪园村《林氏族谱》

及香料占有相当的比重，也许香洲的"香"字与这类货物有一定的联系，可以想象香洲渡在元明二代中声名远扬，妇孺皆知。从方志记载推测，清乾隆时香洲渡还相当繁荣，但无从考证香洲社是何时消失的，现香洲社、香洲渡遗址成为一片甘蔗林，香洲古渡留下的一方碑碣也在前几年失踪了。所幸的是，溪园村尚保存一座古石桥，即香洲桥。

香洲桥横卧于溪园村内港水道，南北走向，桥墩、桥梁全部是花岗石材，现存十一墩，桥墩由方条石垒砌，每跨由三条毛石板拼铺成桥面，石梁长短厚薄不一，长4~5米，宽40~50厘米，厚25~30厘米。石梁现有五处字刻，书法工整中略显粗犷，字痕虽磨蚀严重，但仍依稀可辨。民国时期，溪园村曾组织劳力对古桥抬高加固；20世纪六七十年代，古桥两端连接港岸的桥板被拆卸，作为修水利设施的用材。古桥原是通往香洲渡的必经之道，自村里修了大路，古桥渐渐被废弃了。但作为漳州历史的一处人文古迹，是九龙江流域文化具有关键性的一个元素，香洲桥应得到更好的保护，并发挥其独特的文化魅力。海内外的九龙江儿女，将会在保护完好的香洲桥之前，唤起心底那份挥之不去的乡愁。

香洲桥（芗城溪园村）

六、板桥林家 泽润两岸

清代台湾首富板桥林家是开漳部将林孔著的后裔。板桥林家具有开拓进取、忠孝爱国的优良家族传统,为开发台湾,促进台湾经济、文化发展做出了巨大的贡献。同时,板桥林家也具有强烈的社会责任感,心系祖国大陆,多次捐资赈灾。在诸多善行中,以林平侯开创林氏义庄最为著名,规模最为宏大,时间最为持续。林氏义庄是海峡两岸林家血脉相连、亲情长在的历史见证,是宝贵的文化遗产。

（一）孔著苗裔 衍派吉上

在台湾，有两大林氏望族，一是台中雾峰林家，一是台北板桥林家。台北板桥林家曾为清代台湾首富，其祖林应寅是龙溪县二十九都白石保吉上社人（今属龙海市角美镇，社已废）。据编撰于1984年的《林本源家传》所载，板桥林氏为晋安郡王林禄公之后，属九牧林派下，其后裔于明末迁居吉上社。以林禄为始祖的晋安林派系是漳州林氏的主要派系，台中雾峰林家也是其后裔。据《龙海林氏通谱》的数据，晋安林派系的人数约占漳州林氏77.27%。

但根据龙海林本谅先生的考证，板桥林家其实是开漳部将林孔著的后裔。他根据《南平开基始祖林氏世代明细图》和《仰盂林氏族

林氏义庄全景

谱》等资料，整理出吉上林的世系源流。林孔著的十三世孙林建山于宋仁宗年间（1023—1063年），回到林孔著肇基的西安（今属角美镇吴宅村），重兴故土。林建山之孙仁贤（讳哲夫）于北宋末移南安，迁南平。传至二十二世逸叟由南平开基龙溪县二十九都白石保潭头社（位于今角美镇埔尾村西隅）。三十一世震隆自潭头开基吉上社，林应寅即其裔孙。续修于清咸丰十一年（1861年）的《溪环社崇本堂林氏族谱》也有相应的记载："但闻十三世建山公为吴宅始祖。十四世振西公生子三人……三仁贤，自南安迁南平，生子二人。长号廿六郎，后值倭寇，由南平而别徙。今日吉上社、涵长社，皆其苗裔也。次号十四郎，生廿八郎。廿八郎生三十三郎。三十三郎生四十郎。四十郎生茂松。茂松生国荣。国荣生逸叟，居吉洋。"虽然这两种说法有些不同，但都认为吉上社的林氏是林孔著的后裔。

至于《林本源家传》为何将林禄认作始祖，或许《溪环社崇本堂林氏族谱》中的一段话可以给予我们一些启发。谱云："明天顺进士广东布政使林同有《源流追远序》，云其在唐高宗时，禄公七代孙则有孔著，为开漳陈王之婿。"族谱的修撰者虽然不赞同这一观点，认为二者没有血缘关系，但还是将其记录在册，以待后人进一步考证。由此可见，在明代便有林孔著是林禄公后裔的说法。这也许就是《林本源家传》将林禄作为始祖的原因。

林氏义庄门屋

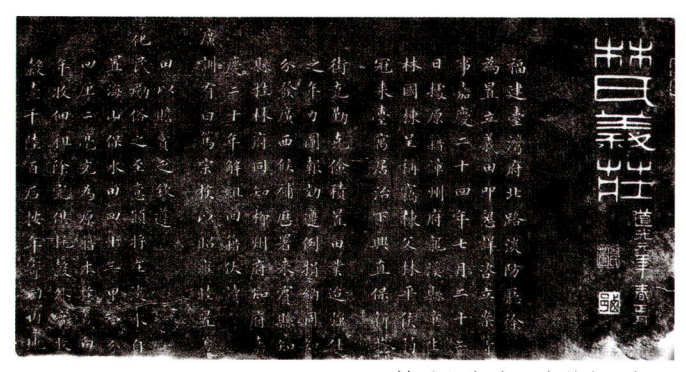

林氏义庄碑（清道光元年）

（二）父子渡台 致富行善

林平侯的祖父林廷竹是一名读书人，原先"家业隆盛"，但在经历了明清更代的战火以及水旱灾害后，一贫如洗。他在乡里设帐教书，生有四子，林应寅为第三子。

林应寅出生于清雍正十二年（1734年），自小跟随父亲读书。成年后，他以笔耕为业，生活贫困，科考不顺。他见那些去台湾经商的乡亲致富颇易，便打算与宗亲一同渡台。为了照顾父亲，次子林平侯不惧风险，愿意与他同行。

林氏父子渡台后，居于新庄。林应寅被众人聘为教书先生，建馆授徒，学生有数十人。龙溪人米商郑谷与林应寅志趣相投，他见林平侯"勤恳耐劳"，便聘请他在店中担任书算。两年后，郑谷又借给林平侯一笔钱，让他当作经商的本金。《林本源家传》称林平侯"懋迁有术，善相机宜"，不过数年便获利甚丰。清乾隆五十年（1785年），二十岁的林平侯伴父归乡，并与王氏成婚。一个多月后，林应寅因年长留乡，林平侯则返回台湾继续经营。归台后，林平侯与林绍贤一起领办台湾盐务，年入数万金，富甲一方。

清嘉庆八年（1803年），林平侯由成均捐县丞。同年，林应寅病逝，林平侯丁父忧。嘉庆十一年（1806年）服除，赴京师，由县丞加捐同知，分发广西候补。自嘉庆十五年（1810年）起，历任浔州通判、摄来宾县事、桂林同知、南

林氏义庄永泽堂前厅

宁知府（《通议大夫林石潭先生家传》作"宣南知府"）、柳州知府。林平侯在广西为官七载，任内"政通人和，赋平讼理，廉明勤慎，民甚便之"，卓有政声。他虽出身捐例，却不是为一己之私，与当时官场上以权谋私利的腐化风气截然不同。他甚至自掏腰包办公，"所有兴衰起废诸政，皆损己益下，行无所事"。

清嘉庆二十年（1815年），林平侯引疾辞官（《通议大夫林石潭先生家传》为嘉庆二十一年，道光元年（1821年）《林氏义庄》碑则记"嘉庆二十年解组回籍"）。此后，他将发展重心转至台湾，为台湾的发展做出了重大贡献。他数次平息械斗，协助台湾官员平定数次民乱，捐银以助军需，维护地方局势稳定；在台北地区拓垦土地，发展农业；在三貂岭修建道路，加强淡水与噶玛兰两地交通。此外，他对社会公益事业也十分热心，捐修淡水厅文庙，捐学租，"捐修贡院，新筑淡水城，重修凤山城、郡月城、考棚、海东书院，立桥梁，设义渡"。在祖地，他建立林氏义庄、设义塾，并于道光六年（1826年）捐六千石米以赈直隶饥荒。道光二十四年（1844年）四月，林平侯病逝。

林平侯有五子，国仁、国栋、国华、国英、国芳，分以"饮""水""本""思""源"为记。国仁早逝。国栋、国芳为养子。咸丰初年（1851年），林国华与林国芳商议，移居枋桥（后称板桥），建置宅地、园林。兄弟二人同产共业，并将国华与国芳两房合称，号曰"本源"。因此，板桥林家又称林本源家族。板桥

林氏义庄民俗活动

林家花园景色优美,为清代台湾规模最大的建筑,是台湾重要的文化遗产,现为台湾第二级文物保护单位。

林国华、国芳兄弟及之后的板桥林家主持人,继承了林平侯开拓进取、忠孝爱国的精神,进一步拓展家业,数次平息械斗,维持地方秩序,为开发台湾做出了重大贡献。值得一提的是,为了彻底平息漳泉械斗,林家家主林维让将自己的妹妹嫁给晋江举人庄正。庄正因此来台,应林维让、维源兄弟之请,创办大观社,为漳泉两地士人读书之所。此举不仅消弭在台湾的漳泉人民之间的隔阂,而且有力地促进了当地文化的发展,风俗为之一变。

光绪二十年(1894年)甲午中日战争,林维源奉命督办台湾团防。次年清廷签订丧权辱国的《马关条约》,割让台湾。林维源捐出重金,资助台湾人民的抗日活动。抗日活动失败后,林维源不愿做日本顺民,与子林尔嘉携带阖宅老幼,迁回龙溪原籍,后居于厦门鼓浪屿。数年后,日本据台官员到厦门数次拜访林维源,希望他回到台湾,并以亿万资产无人主理来劝诱。林维源不为所动,终老大陆,葬于祖地白石保丁厝山之麓。当时,有不少台湾人士和林维源做出了同样的选择,舍下艰辛创立的家业,回到祖国大陆。如著名的雾峰林家也迁回漳州,居于宫保第(位于今新华西路人委巷,已拆除)。而在它附近的振成巷和杨老巷一带则是台湾人的主要聚居区，其中较为出名的有公车上书第一人汪春源、闽南党组织主要创建者翁泽生等。

（三）回哺祖地 创办义庄

清嘉庆二十四年（1819年），林平侯于白石保过井社（今属龙海市角美镇杨厝村）东隅建林氏宗祠永泽堂，并在祠堂创办林氏义庄。义庄是中国古代社会宗族内部为了赡养贫困族人而成立的一种慈善组织。永泽堂林氏义庄集家庙、义庄和民居于一体，占地面积4500多平方米，房屋99间，建筑面积3700平方米，规模宏大，建筑精美。林维源内渡大陆后，曾在此居住数年。

林氏义庄的创立，源于林平侯辞官后，想要赡养族中贫弱，和睦宗族。据《林氏义庄》碑记载，他"意愿将在淡水自置海山保水田四十三甲八分四厘二毫，充为原籍本族义田，年收佃租除完供耗谷外，实收谷壹千陆百石，按年寄回内地龙溪县白石保吉上村、潭头村，赡给同宗族人贫乏之用"。为了确保义田能够长久经营，林平侯命林国栋向台湾、漳州两地官府申报，将管理条规、田契等文书交由官府存案，以免日后被人私售、侵占。

林氏义田设司事两人，一在淡水，一在祖地，管理田事。淡水司事每年收取租谷一千六百石，在淡水卖为银元，于秋八月、冬十月，分作两次汇票交给内地司事收管。内地司事买米贮存于永泽堂内，按月发给族人口粮。

义庄为族中贫乏之家提供口粮、棉布、棉花、嫁娶与丧葬费用。成丁每日给糙米一升，每月初一日在永泽堂发放。每年春分日，女给棉花

林氏义庄永泽堂后堂

三斤，用以纺织。冬至日，男给棉布三丈，用以制作成衣（米棉之数，十一至十六岁减半，五至十岁给十分之三，四岁以下及女子出嫁不给）。嫁女给银十两，娶妻给银二十两。尊长丧葬支银七两，次长支银五两，卑幼及二十岁以下未婚娶者支银四两，十五岁至八岁支银三两，七岁以下不给。创办初期，经费有限，棉布、棉花及嫁娶费用，暂时只发放给与林平侯有五服之亲的族人。此外，义庄还对外姻亲戚、温饱家庭及其他需要救济的情况作了详尽的规定，既保证了贫弱者有所养，又可避免被别有用心之人侵吞。林平侯还在潭头、吉上两社各设立养正义学一所，拨出义田资金一百两，供两所义学使用，为贫苦人家的子弟提供学习的机会和场所。

林氏义庄由林平侯开办于清道光元年（1821年），至抗日战争期间被迫停止，历经四代人百余年之久。林氏义庄因其赡养范围之广，维持时间之长而闻名于海峡两岸。它是海峡两岸林家血脉相连、亲情长在的历史见证，是宝贵的文化遗产。2006年，国务院公布永泽堂林氏义庄为全国重点文物保护单位。

除此之外，林家人还曾多次向祖国大陆捐助财物，或用于赈灾，或用于社会公益事业。如林国华之妻郑氏于光绪四年（1878年）捐银二十万两赈灾山西。次年，其妻钟氏亦捐银二万两以赈河南、山西旱灾。林维源的墓志铭也记载了他回迁大陆后的诸多义行，如数次捐资赈水灾，修葺晋江、南安、惠安、厦门古冢，修筑南靖西溪堤岸等。林维让次子林尔康之妻陈氏则捐款二十万，资助筹办福建师范学堂。种种善行，不胜枚举。可见板桥林家虽为台湾望族，但始终情系桑梓，心怀家国。

林氏义庄林门王太淑人墓碑

七、坤德开漳垂赞范

唐总章二年（669年），府兵队正邱安道随陈政、陈元光父子入闽靖边，定居云霄火田社传裔。

邱安道后裔邱鸿衍迁龙溪十一都镇南社，后裔于清初迁台湾，主要分布在台湾宜兰县、台北市、高雄市（凤山区）、桃园县（八德乡）等地。

镇门（龙海镇头社）

镇门南岸有座古村落，为邱姓族群聚居地。村的名字很多，因北依大马山，曾叫马麓，又南临西溪，又叫镇川、镇南、津南，村选址溪流狭窄处，是设渡口理想地点，历史上也叫天马山渡、洋西渡、镇南渡，其实指的是同一渡口。现名为渡头村，隶属龙海市榜山镇洋西行政村。渡头村开基人邱鸿衍，是开漳功臣邱安道将军十六世孙。唐总章年间，邱安道以保义将军衔跟随朝廷命将陈政、陈元光父子入闽开漳，先居于唐开漳将领聚集地火田村。两宋之际，邱鸿衍迁至龙溪十一都津南社。

（一）坤德开漳赞范宫

津南社，原为魏氏聚居村落，村中有一座庙，名"赞范宫"，主祀娘祖妈，为邱氏族群共祀，始建年代不详，庙中现存清嘉庆、咸丰二通重修碑，台湾邱氏族人捐资修庙历历在目，台湾东邱后裔以"肃雍夫人公项"名义捐献，金额巨大。20世纪90年代，赞范宫由台湾同胞捐资重建，共两进，悬山顶。主殿悬"坤德开漳"堂匾，中祀娘祖妈，左祀陈府元帅，右祀辅顺将军，从左右配祀和堂匾、楹联的字义来看，主祀应是魏妈，配祀中陈府元帅可能是陈元光，辅顺将军即马仁。魏妈是陈政将军之母，当年，陈政入闽平乱，途中受阻，魏妈带领另二子陈敏、陈敷从中原入闽，增援陈政，并辅助陈元光建漳，以九十四岁高龄仙逝，葬漳半径山（今云霄）。陈政率领部将入闽开漳，并以漳为家，陈政部将及后裔供奉开漳主帅陈元光及其祖母，合乎情理。

赞范宫庙门楹联：唐朝著绩开漳郡，镇水流徽注母仪。

主殿神龛楹联：闽范赞元勋造漳邦荆棘河山成乐土，坤灵垂镇水历唐代桑麻鸡犬戴慈天。

主殿前楹联：南国靖兵戈克赞谋猷垂肃范，东邱宗庙祀凤联婚媾荷慈庥。

这些联句，不仅说出邱氏族群的来源，也证实渡头村邱氏族群是开漳功臣之后。

开漳史料在官

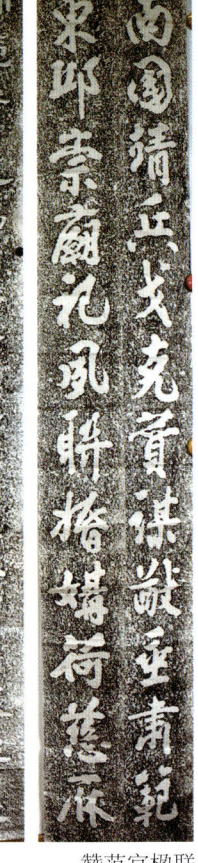

赞范宫楹联

方文献中记录很少,这与开漳的功绩很不相称。而在民间,存在丰富的开漳文化信息,这些信息以各种方式存在田野之间,如与渡头毗连的洋西村,是郑氏族群聚居地,村中就有威惠庙,供奉开漳圣王陈元光将军,这也是研究开漳历史的一处重要文物区。

（二）开漳后裔笃孝义

鸿衍生二子：邱辙、邱闻。邱辙于南宋淳熙十一年（1184年）进士及第,时年22岁。邱闻于庆元五年（1199年）特奏名进士,时年32岁。邱辙曾任番禺尉,后荐领太学,未上任,父丧辞归,恰逢朱熹在漳任知州,两人政见相同,朱熹称道邱辙"广行笃宁"。宝庆元年（1225年）权相韩侂胄抨击朱熹为伪学,邱辙、邱闻兄弟俩隐居不仕,潜心文学,人称二邱先生,他们自称难兄难弟。

东邱氏族学风、义行、孝节成为传统,后代杰出人物辈出。鸿衍九世孙邱子能奉侍继

邱氏宗祠（龙海渡头村）

母，善待同母异父弟，抚幼侄如己子，其义行入载《漳州府志》，明嘉靖二十四年（1545年）朝廷下诏，立坊旌表。邱子能外孙是户部侍郎蔡应科，蔡应科特地在村口为邱子能建孝子祠并立碑。邱鸿衍十四世孙永彰孝行感人，清雍正五年（1727年）建孝祠、立坊，探花程元章赠表联："名重南州五代衣冠双孝子，派深镇水两朝纶綍一家春。"此联盛赞子能、永彰相隔五代，历经两个朝代，都以相似的孝行为官民所景仰，十分难得。邱氏族群中的女性也有感人事迹，黄氏，邱厚之妻，邱厚任山西守备，黄氏服侍公婆，曾割股和药治愈婆婆的病症，龙溪会元陈常夏特为撰文刻石，立于村道路边。萧氏，夫邱倚炳早丧，萧氏守节抚幼三十三年，乾隆十八年（1753年）旌表，坊建于本社庵前。邱氏族群人文发达，成漳东的望族，号为东邱。在邱氏宗祠崇本堂门前，尚保留三台石旗杆石基座，祠内挂有"进士""武魁"横匾。东邱族谱中记载五对楹联，只部分刻于石柱上，现全文抄录如下：

赞范宫（龙海渡头村）

崇仁义礼智，垂裕后昆燕翼诒谋，无愧圣贤上理；本忠孝节廉，仰绳祖武文章经济，方惟宇宙真儒。

镇峰挺秀高，科甲外德尽伦常，五代膺禋双孝友；川水怀清远，巾帼中贞完节烈，四朝承锡数华表。

崇基七百年，欲探业统创垂，犹不忘由南诏卜龙溪，世延四四；本派廿三叶，窃念箕裘承继，虽未甚振东邱光马麓，朝阕双双。

崇□虽日旧章程，感霜露而报德报功，要致凝神乎愊忾；本派从云深镇水，嗣祖宗之群昭群穆，宜联一体以恩文。

崇人纪立身，始足撑持宇宙；本圣谟经世，方为参赞乾坤。

这些人文积淀，都是邱氏族人崇尚儒家思想的反映，同时记录他们族群迁徙传播及生活的行迹。可惜的是，大多数的文物已销声匿迹，只有祖祠和赞范宫保存至今。

（三）开漳一脉传两岸

镇南渡头村邱氏宗祠原有两座，除崇本堂处，

陈府元帅（陈元光） 　　辅胜将军（马仁）

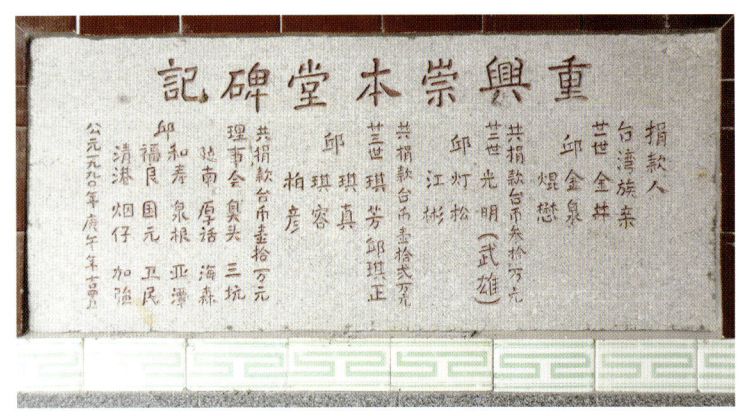

台湾宗亲捐献碑（邱氏宗祠内）

还有一座世泽堂，为另一支邱氏族人所建，此支邱姓也认邱安道为祖，于元末从南炉迁来渡头，后南迁一千米之外的格头村。现存的崇本堂始建于清康熙四十七年（1708年），道光、同治年间由东渡台湾的邱氏族人捐资重修，1990年再次修葺。渡头邱氏后裔迁居台湾，事业有成，成立肃雍夫人公会，募集为家乡公益事项助建基金，于嘉庆、咸丰年间捐资重修赞范宫，两岸宗亲保持往来联络，从同治之后，至光绪初年，其间七十年中断联系。光绪七年（1881年），二十世孙邱音重又与宗亲取得联系，喜出望外，随即买船回乡认祖，修葺祖祠，并带回道光年间的族谱抄本，留给祖地保存。又经过百年时光，20世纪80年代，渡头村邱氏二十二世孙台胞邱光明，几经周折，经对照族谱、宗祠及赞范宫碑记等，确认渡头村正是失联百年的祖居地，十分欣喜，在几年时间内，四次组团由台湾回乡谒祖，重修宗祠，捐建龙江小学，设立龙海一中崇本堂奖学助学基金，又陆续捐建幼儿园，重建赞范宫等。

渡头村因赫赫有名的镇门渡而成名，自西溪闸建成后，渡口就消失了，曾经沟通南北两岸热闹的河埠，顿时变为外人罕至的安静家园。唯有堤岸上保存二通石碑，一是清乾隆六年（1741年）《奉宪示禁镇头不许强豪霸占纲位横抽碑文》，一是乾隆八年（1743年）《县府审定饬禁碑》这二通清碑，都一再重申确保河道畅通及公平使用，颁发的机关级别都较高，有龙溪县，漳州府联合颁发，也有由汀漳龙道和漳州府龙溪县联合颁发，这说明镇门的重要性非同小可，也印证镇门渡的繁荣。

在和平年代，镇门已不必操心防御设施，但是，由于水资源、水上通道对国计民生的有序运转具有头等重要的意义，镇门仍然担任重要角色。20世纪60年代，漳州接连遇到大旱，镇门成了抗旱桥头堡，为解救下游农田严酷的旱情，包括渡头村在内的洋西生产大队开渠引水，以自己和稻田作为水道，把宝贵的溪水送到下游兄弟村的稻田，这种舍己救人的行为，感动了社会各界，文艺工作者将其事迹编写成芗剧《碧水赞》，后被改编为八个样板戏之一《龙江颂》，在全国公演，九龙江的名字由此传遍神州大地，现西溪闸北岸上立一方大石，上刻"龙江颂"三个大字，意在唤醒人们淡化的记忆。

清嘉庆重兴赞范宫碑（赞范宫内）

八、开漳许氏 漳台传芳

开漳许氏，集中分布于今诏安、龙海、芗城等地，是漳南一大望族。历史上，许氏族人曾播迁粤东和台湾。流传下来的族谱，记录族群在迁徙过程中的许多关键节点和重要人物，从开漳至清末，开漳许氏世系脉络清晰。从漳州迁到台湾的许氏宗亲，重回祖地谒祖、修宗祠，真可谓"花开两岸，落叶归根"。下文撷取开漳许氏族群迁徙历史上的几个重要节点，作一简述。

（一）入闽开漳镇南诏

唐总章二年（669年），朝廷命陈政入闽平乱，宣威将军许陶（字尧甫）携子天正随唐军入闽。许天正（字允心、号云峰），以博学著名，在平乱之后，辅佐陈政之子陈元光将军表奏朝廷，建置漳州，"变椎髻，复伦序"，全面负责唐军中的礼乐典章制度和唐军子弟教育事务。宋代追赠许天正昭应侯。有《和陈元光平潮寇诗》传世：

抱磴从天上，驱车还岭东。气昂无丑虏，策妙诎群雄。

飞絮随风散，馀氛向日镕。长戈收百甲，聚骑破千重。

落剑惟戎首，游绳系协从。四野无坚壁，群生未化融。

龙湖膏泽下，蚤晚遍枯穷。

许天正奉命镇守南诏，举族迁往，成为南诏著姓。子平国（字邦宪），袭宣威将军爵，任海寨巡检使。至十二世许本旺，十二代的长子均世袭宣威将军爵，任巡检使。今龙海许林头社保留许本旺墓道碑，袭封爵号及许氏房号记载清晰。本旺传乾德（字宗庸），乾德生三子：长夏臣，次烈，三猷。夏臣（字禹弼），传许诗（字子孝）。许烈（字俊整）从南诏迁潮州韩山，为潮州许氏始祖（据《潮州志》）。许猷（字时谟）传许若（字子顺）。

时值五代十国，兵荒马乱，南诏许氏族人分散迁徙。许若举家迁往凤翔，为凤翔许氏开基祖。宋末德祐元年（1275年），元兵逼近，许诗派下族群迁广东五羊城。许诗后裔耐京（号七十三朝奉），于元大德年间（1297—1307年）返回南诏，世居守祖，再续南诏许氏血脉。耐京第四世孙尚端，是漳南著名的大孝子，又是一名义士。明正统十四年（1449年），沙县邓茂七农民义军进攻漳州，诏安官吏闻风出逃潮州，周边海盗山贼乘乱围攻诏安孤城，许尚端与涂膺、沈胄三人散财募众，组织各种力量武装防御，连续击退盗贼的轮番进攻，诏安县城得以保全下来。这一事迹分别载入《诏安县志》和《漳州府志》。

南诏现有两座许氏宗祠：一是许氏祖庙，又称昭应侯庙（许天正祠），主祀许天正夫妇神祇，正殿悬挂"开漳首绩"匾。一是许氏家庙，主殿伦恩堂主祀许耐京夫妇神主牌。这两座宗祠，是诏安许氏族人的朝拜圣殿，也是开漳历史文化的宝贵文物，又是漳台血缘文化交流的重要平台。

（二）凤翔高飞登科甲

许若举家迁往凤翔（又称徐翔，今龙海市东泗乡下溪坂村屯地社），奉其父献公为始祖，在徐翔落地生根，繁衍生息。时值两宋之交，社会动荡，即使在这兵荒马乱的时代，许氏家族仍秉持耕读传家的传统，培养出一代又一代的杰出人

许氏祖庙（诏安南诏镇）

许氏祖庙庙匾

才。凤翔许氏，真真切切演绎出龙飞凤舞、才俊辈出的喜人景象。

许若传光亨（字必达，号南溪），于北宋大观三年（1109年）登进士，初任江宁县令，兴学劝农。重和元年（1118年），提出"清君德、去宵小、通言路，人事得则天和"的建议，得到朝廷认可，升任相州通判，后召为太子中允。宣和三年（1121年），兼任祭酒，后官职升至兵部尚书门下侍郎。

光亨传许荣（字宗彦，号仙峰），建炎二年（1128年）特奏名，任龙川尉。

许荣传二子：长许登；次许督（察）。

许登（字希进，号龙山），绍兴戊辰（1148年）进士，先任长汀县尉，后转任县令。当地峒黎（少数民族）时常下山抢掠，上级要求剿灭。许登说："黎，亦吾民也。"只身单骑前往山中，向土著说明道理，峒黎老少都心服口服。许登所到之处，耕读双管齐下。鼓励民众大力发展生产，恢复乡村学校，亲自为优秀学员上课。官至兴国知州。

许登之孙许伯鸾、许伯凤，兄弟俩都是进士。伯鸾（字廷徵），淳熙十四年（1187年）进士。任江州知州时，发生饥荒，许伯鸾下令开仓赈济灾民,当下属提醒他待得到上级批准才能开仓时,许伯鸾说:"宁谴于君,无负吾民。"由于他的坚持,及时开仓发粮,救活了灾民数千人。其弟许伯凤,从小聪慧,擅于作文。绍定二年(1229年)特奏名。初任长安县尉,后转任青城县丞。所到之处,严格执法,"民畏之过县令"。官至御史台主簿。以母亲年老申请归养。奏书写道:"陛下大德,所当效力鹰鹯,堂上高年,不能忘情乌鸟。"言辞感人,获准退休,伯鸾、伯凤兄弟俩一齐服伺老母,终生不再复出官场。

徐翔许氏数代连登科甲,为官政绩有声,居家孝行留名,受到后人高度的评价。许光亨、许登、许伯鸾、许伯凤,《漳州府志》皆有传记,并有一段评语:"光亨之初祖天正,实从玉钤庳启斯土,其惠泽与清漳同衍。虽勃焉而兴,固远有端绪也。若火攸灼,谁能熄之?孙曾蔚起,遗爱在民诵。伯凤陈情之句,孝弟之心油然而生,真不愧令德后哉!"

(三)昆仑兄弟居田源

许誓传许泽(字逢润,号爱山)。泽生子二:长昆、次仑,昆、仑兄弟俩同迁田源(宋元属龙溪县居仁里,明嘉靖改属南靖县居仁里,清归南靖县居仁里马

许本旺墓道碑(龙海翠林村)

坪总，今龙海程溪镇人家村）。

许仑传淮埈（号南庄），下传至第五代孙复性（号诚斋），生三子：长居志；次居道；三居庸。居志迁铜陵林边古边；居庸迁洋头，其子孙分居香溪、石井、鸿渐等地。

许昆（字璞玉），昆生三子：长淮坡（号菊庄），传敏、惠，敏（字以聪，号清溪）娶双第陈氏，迁双第；次淮坡（号梅庄），传宽、信，兄弟迁双第；三淮埋（号兰庄），传梦阳、大材，子孙世居田源，成为马坪大宗。

大材（字以成、号碧溪），被后代尊为马坪之祖，生七子。长应古，传义甫、志甫，义甫生四子，长从，从生三子，三孝显（号云溪），迁官园，为官园许氏始祖。孝显传鲲，许鲲（字景运），天资聪慧，登明成化十三年（1477年）举人，官任分水教谕，许鲲"禀性刚方，不肯阿媚。其父手书《胡安国传》以诫勉，且曰：'汝勿谓官卑，学校贤才所自出，朝廷造士之责重

田源庙柱铭（龙海人家村）

大,吾惧女之弗称也。'鲲益正师道,励名节无所苟。终因与县令意见相左,拂袖而归"。(语见《漳州府志》。)许鲲举人坊原立于居仁里(已无存)。

马坪许氏继承家族耕读传统,人才辈出,登进士者有:许光岳(明天启乙丑,1625年),许来音(清顺治十八年,1661年),许隆远(康熙十九年,1680年),许元锳(乾隆四年,1739年),许本巽(乾隆七年,1742年)。举人有:许文俊(明万历七年,1579年),许安邦(乾隆十五年,1750年),许大才(乾隆十八年,1753年),许达猷(乾隆二十四年,1759年),许如汾(乾隆丙辰,1796年)。马坪许氏秉承家学良风,人文蔚起,出仕时造福一方,致仕后官方立传,民间树碑,被称为"漳南德门"。

马坪许氏还诞生一位制作茶炉的陶匠大师许大壮,其手工制作的茶炉称大壮炉,是当时工夫茶具中的精品。据《南靖县志》载:"茶炉,出马坪。以白土为之,其色如施粉,雕刻花丽、工致,以大壮炉为佳。里人许大壮幼读书,祈梦九鲤湖仙人,告曰:'鸿炉首唱'。晚年造炉极工雅,擅名。"现人家村有炉窑、采

炉窑残片(龙海人家村)

土坑等遗址，村头散落许多窑烧茶炉的残片。

经过世代繁衍，至明初，人家村许氏族群人丁兴旺，号称"万丁"。现有大小宗祠九座，有许氏家庙（称大宗，原主祀泽公，后移入马坪街许氏宗祠列祖列宗奉祀）、九甲祠（主祀云山公）、十甲祠（主祀员山公）、下厅小宗、毂诒堂、翕顺堂、书舍堂、四房祠、下路祠（沐德堂），其中四房祠、九甲祠、十甲祠荒废，未修复。

（四）嘉义孝孙谒雩林

许昆长子敏迁双第，敏传仕（号静山），迁雩林（今许林头社）。

许林头村口有许本旺墓道碑，为乾隆二十四年（1759年）重立，从立石子孙名单看，知府1人，州同知1人，知县1人，进士2人，举人10人，贡生16人。房派分20支。漳南望族名不虚传。

许仕传至十六世梓（字子折），于清雍乾年间渡海迁徙台湾嘉义，为雩林许氏开台祖。嘉义许氏一直和雩林保持紧密联系，光绪戊戌（1898年），台湾宝岛被清廷割给日本，嘉义许氏族人心系祖地，且恐子孙后代被迫忘祖，特组团回祖地，捐资修宗祠。雩林许氏裔孙台南嘉义许光烈还为宗祠题写楹联：

堂构焕雩林，累蕳绵瓜，太岳高阳源本大；

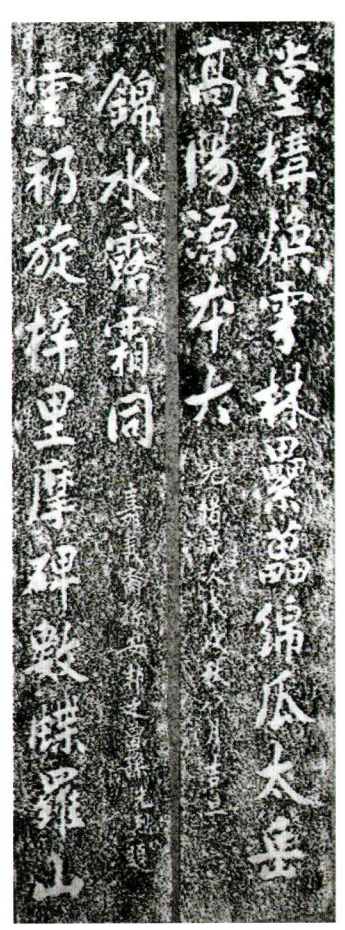

许氏宗祠楹联（龙海雩林村）

许氏家庙（龙海人家村）

云礽旋梓里，摩碑数牒，罗山锦水露霜同。

许光烈特在族谱中题写认祖诗："近溯本源，龙溪是籍。渡台纯同，奕如书锡。光大祖宗，必修乃德。存心善从，应世谦克。孝友传家，忠良奉职。思尔嗣承，尚其钦式。"并附记下祖地详细地址："原籍漳州府龙溪县南门外十一都古林头（今许林头），曰'摇篮社'（离石码十里之遥）。他日有志者必于此地寻之。切切此嘱。"叨叨嘱咐子孙，毋忘认祖归宗。其情切切，感人肺腑。

从唐总章二年（669年）许陶携天正入闽，至清光绪戊戌（1898年）台湾宗亲回雩林认祖，近一千三百年，开漳许氏繁衍43世，脉络清晰，班班可考。《漳州府志》为凤翔许氏一干人立传，论曰："太岳之裔，见于史者，许氏尤昌炽。宋王安石谱之详矣。"王安石为《古翕许氏谱》作传，有感许氏世代的盛德，王安石感叹道："予谱许氏，自据以下其谱传始显然焉。然自许男于周，其生数封而有纪之子孙多焉。于是论之：夫伯益之所以佐其君，治其民。余读书未尝不喟然叹息之也。传曰：盛德者必百世祀若伯益者，盖庶几焉。俾其后世忠孝之良，亦使之遭时沐浴舜禹之间，以尽其才。与夫臬夔羆虎之徒俱出而驰然，其孰能概之耶？"无论是古翕许氏，还是开漳许氏，乃至迁台许氏，都能世代出人才，对社会贡献良多。这都源于优秀传统文化的强大能量，归功于家族的"盛德"世代相传。不管迁居何地，都一以贯之培养忠孝之心，用之报效家庭和社会。这样的优秀传统文化、高尚品德、良好家风，是社会和谐稳定的基石，源远流长，中华儿女当共同继承发扬，使之永久流芳。

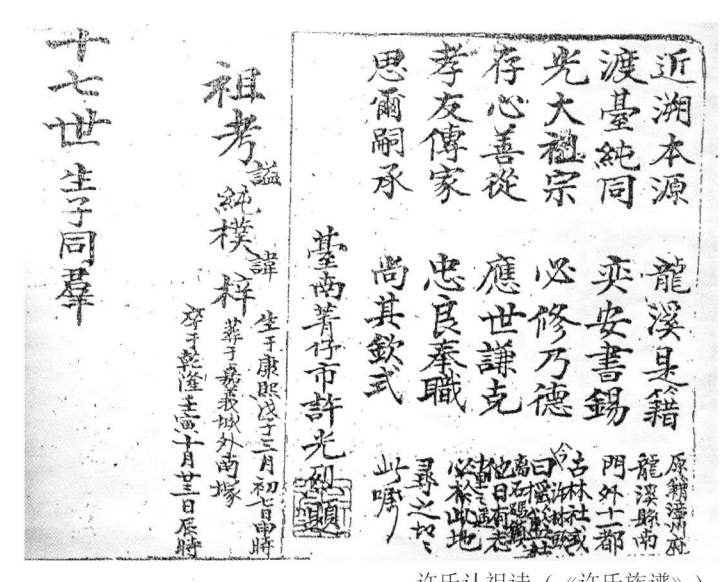

许氏认祖诗（《许氏族谱》）

九、墨场桥头开漳卢

唐总章二年（669年），卢如金随归德将军陈政入闽平乱，任府兵校尉。平乱有功，受封落籍开基于漳州。

其后裔分布在今芗城、龙海、云霄、平和、漳浦、长泰等地，并播迁到台湾及海外。

（一）如金开漳立功勋

1987年7月，明代户部侍郎卢维祯与夫人张氏的合葬墓（位于漳浦县盘陀镇汤坑庙埔社）遭人盗掘。经文化部门抢救性发掘，清理出文物数十件，其中最为著名的当属时大彬制款紫砂壶。它是当今得到公认的三件时大彬壶之一，具有重要的历史价值和艺术价值。同时出土的卢维祯墓志铭由同科进士兵部尚书戴燿所撰。戴燿在墓志铭中述及卢氏源流，称其先祖"自唐时从光州入闽，居浦之锦屿"。也就是说，卢维祯的祖先是唐代光州人，其后裔在漳浦锦屿繁衍生息。而这位从河南光州入闽的先祖正是跟随陈政、陈元光入闽的开漳功臣卢如金。

卢氏家谱记载了卢如金的生平事迹。明万历癸酉《漳州府志》的编撰者认为许天正、卢如金等开漳功臣与陈元光同心协力，为平定漳土做出了很大贡献，虽然没有担任漳州刺史，理应与陈元光一道被后人祭祀，所以在府志中为许、卢二人立传。万历癸酉志引用了卢氏家谱的记载，传文如下：

卢如金，河南光州固始人也。唐总章元年，闽越、岭南等处盗贼蜂起，金奉命领兵从主将陈政戍闽讨贼，授府兵校尉兼领本州司仓、司户参军。始兴建屯营于云霄修竹里，与政子元光开

辅国大将军匾（芗城墨溪卢氏大宗祠内）

拓山林，置州漳水之北。遂领州事。嗣圣三年，移治漳浦，复移龙溪。时盗贼未平，岭南流虏陈诚等掠境，元光战殁。金毅然率义兵攻下之，群盗悉溃，保全漳邦。部民大悦。寻赐铁券，世袭其官。宋绍兴二年，稽功封为辅国将军。葬于连玭山，乡人因名为大臣山，对配将军山。今其子孙散处龙溪之墨场及长泰等处。

由于唐代漳州的史料极少，明清时期的漳州地方志修撰者为了丰富开漳历史的记载，将开漳姓氏的族谱作为补充资料。修撰者们心知

卢如金神主牌

族谱记载虽有失实之处，但亦有其独特的史料价值。正如万历癸丑《漳州府志》所言："建邦启土，咸有功力。与其过而泯之也，宁过而存之乎。惟引摭失实，称谓无据者，间为是正。文仍旧乘，事归核实，匪资辨囿，庶几传信云尔。"开漳姓氏族谱中有关先祖入闽平乱事迹的记叙，既是一个宗族的历史记忆，也是漳州人民对于开漳历史的共同记忆。当代人在对这些文本进行考证、去伪存真的同时，也不能忽略文本背后的历史意义，需要用辩证的态度去看待它。

（二）墨场衍派绵世泽

据《墨溪卢氏族谱》，卢如金与夫人祝氏育有三子。长子卢伯道为郡马，娶陈元光长女

少牧牌坊匾（卢氏大宗祠内）

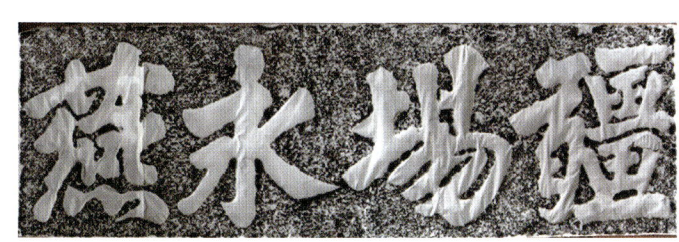

疆場永燕匾（卢氏大宗祠内）

陈怀珠。二子卢伯通。三子卢伯达，娶府兵校尉涂本顺之女。卢伯道之孙卢大伦（字武辉）开基墨场桥头，即今芗城区天宝镇墨溪村桥头社，与陈元光的另一个女婿戴君胄的后裔毗邻而居。据戴氏族谱记载，戴君胄之孙戴永明于唐贞元二年（786年）开基墨场，即今墨溪村墨溪社。卢伯道、戴君胄同为陈元光的女婿，两人的孙子在同一时间段肇基龙溪墨场，很可能是有意为之，而非巧合。墨场得名的由来，至今不详。据乾隆《龙溪县志》，二十一都有墨场保，有墨场墟。村中老人回忆，墨溪是村落与九龙江西溪相通的河流。至于墨场桥，府志不载。但墨场保曾有卢桥，于几十年前拆除，原址约在卢氏大宗显承堂的东南角。可以推测，墨场桥或许就是卢桥，因卢氏定居日久，所以改名为卢桥。而卢氏居住的村社，又被称为卢桥头，今写作桥头社。

据族谱记载，卢大伦开基墨场后，建祠堂，即大宗显承堂。显承堂最近一次重修是在2015年，2016年落成完工。重建后的显承堂规模宏敞，现存文物有卢如金神主牌、木香炉、石柱二对、"疆场永燕"石匾和"少牧"石匾。社中有"唐勋递铁券"石构件残件。石柱楹联均镌刻

卢氏大宗（芗城墨溪村）

卢氏大宗显承堂

于光绪癸卯年（光绪二十九年，1903年），可见当时卢氏族人曾大规模修缮宗祠。姑录楹联于此：

（一）表海著雄封，敬义昭垂思祖德；墨桥贻胜迹，秀灵钟毓蔚人文。光绪癸卯孟秋修，阖族裔孙仝立。

（二）入庙肃衣冠，无非涿郡范阳世胄；登堂陈俎豆，犹是开山辅国家风。光绪癸卯孟秋修，沧里社裔孙光演、泗滨仝敬立。

墨溪卢氏繁衍极盛，传播福建多地，如漳州的芗城、长泰、龙海、南靖、平和、漳浦，厦门同安，泉州石狮，龙岩的漳平、永定等。迁往省外的则有广东、江西等。龙海市海澄镇和平村三门坑的卢氏宗祠中的清乾隆二十一年（1756年）碑便将宗族的源流说得十分清楚："祖由墨场，建基龙门。"清乾隆二十九年（1764年）碑更为详尽："吾祖自如金公开漳，随唐著绩，勋业烂焉，祀典昭焉。传至咏梅公，始建居龙门。"可见卢氏裔孙熟知始祖卢如金开漳的功绩和宗族衍派的历史过程。明末清初，墨溪卢氏有族人渡海迁台，开发台湾，传衍至今。仅《墨溪卢氏族谱》一书明文记

卢氏大宗楹联

载迁台的族人就有六七十人之多。而长泰《青阳卢氏族谱》已经和台湾《双溪乡竹寮坑范阳卢氏族谱》对接，是两地卢氏同祖同根的铁证。龙海海澄的龙门卢氏裔孙于清乾隆年间迁台，台北、基隆的卢氏宗亲自称"龙门堂"卢氏，以示其与祖地的血缘纽带。清同治年间，台湾的卢氏宗亲为便于回乡祭祖，在三门坑社建"台湾厝"，至今保存完好。"台湾厝"建筑群共三处，有八幢六十一间之多。

（三）文风昌盛出俊杰

墨溪卢氏文风昌盛，明代尤炽。将《墨溪卢氏族谱》的《历代仕宦名次》与清光绪《漳州府志》对照，自宋代起，查得有功名者52人，进士7人，特奏名3人，举人20人，武举2人。其中较著名的有卢岐嶷、卢维祯、卢化鳌、卢经等人。

卢岐嶷，字希稷，号璧山，长泰人。自幼聪慧，七岁能文，长博极群书。明嘉靖二十三年（1544年）进士，官至贵州按察使，所至之处，皆有政声。他为官清廉，遭人诬构解官归家时，橐无长物。祀长泰县乡贤祠。卢岐嶷著有《金膏玉液》《钩元类纂》《吹剑集》等书。他重视教育，"惟以书籍课子孙"。长子卢颖为明嘉靖四十四年（1565年）举人，与卢维祯同科。季子卢硕为明万历二十年（1592年）进士，官户部主事。孙卢春蕙为明万历三十一年（1603年）举人，官定远知县。孙卢光相为明天启元年（1621年）贡生。清乾隆《长泰县志》称："硕家传伏氏经，与兄颖后先接武父子兄弟，词章行谊推重一时，诸兰玉复振家声。人以为天道福善之报，盖不爽云。"福报之说，缥缈无据，与其归功于天道，不如归功于因卢岐嶷重视教育

卢氏大宗楹联

化莲堂匾（诏安长林寺）

而形成的优良家风。

卢维祯，字司典，号瑞峰，漳浦人。明隆庆二年（1568年）进士，官至户部左侍郎，因忤当道致仕。归家后，他与里人南京工部尚书朱天球结率真会于梁山。卢维祯好读书，知识广博，著有《卢氏家谱》《京省次闽会录》《醒后集》《醒后续集》等。乡中有以文谒者，他便为之修改，并对进步者予以奖励。他为官清廉，生活节俭，乐施好善，救济穷困，造石桥，设粥赈济灾民。明万历三十八年（1610年），卢维祯逝世，时年六十八岁，赠户部尚书，赐祭葬，荫孙莹入太学。祀漳浦县乡贤祠。清光绪《漳州府志》称其："品藻精密，拔淹滞，进孤寒，凡所举措，雅符公论。"戴燿在墓志铭中极力赞扬："惟公温而理，练而定，大事晓畅而及物克勤，与人喜怒不行于色，遇事祸福无介于怀。籍令公秉枢衡，殚厥施允，足以撑持国运而霖雨苍生。"卢维祯之祖卢鉴、卢池皆封赠工部右侍郎。侄卢烶为明万历十六年（1588年）举人。孙卢莹，户部主事。

卢化鳌，字尔腾，漳浦人。明万历四十四年（1616年）进士，历任兰溪、婺源、旌德三地县令，因巡抚周起元推荐，升户部主事，寻改吏部。文徵明曾孙文震孟对他说："朝中素耳劲

高隐寺碑（平和高隐寺）

高隐寺

节,今铨政赖公主持。"魏忠贤闻而忌之,在构陷杨琏、左光斗时,将卢化鳌也归为东林党人,与杨琏等二十七人同日下狱,后革职归家。崇祯初年,起用东林诸君子,卢化鳌官复原职,很快便以清慎升为吏部郎中,以病乞休。著有《易传》《四书讲意》等。父卢英声,赠户部主事。

卢经,字乔,号得一,长泰人。四岁能属对,明天启五年(1625年)进士,官御史。后巡按河南,锄豪去奸,贵戚宗藩一时为之敛手。莱阳郡王强占许州生员庄田数百亩,历任巡抚的官员都不敢过问,只有卢经敢于上疏,极数莱阳郡王之罪。郡王也上疏向崇祯帝哀求。崇祯大怒,想要处死卢经,幸有侍郎陈子壮、礼科蒋观国极力申求,才改将卢经系狱两年。卢经刚正不阿、不畏强权的气节为后人敬仰。清雍正元年(1723年),诏令卢经入祀忠孝祠。此后又赐封"忠谏"匾,悬挂于长泰青阳卢氏祖祠"豸绣堂"。因此,这座卢氏宗祠也被称为忠谏府。

此外,明清之际,坚持抗清的南明兵部尚书卢若腾虽生于金门,也是卢如金的裔孙。他曾作《青阳卢氏族谱序》,落款自称侄孙。卢若腾,字闲之,一字海运,号牧舟,同安人。明崇祯十三年(1640年)进士,授兵部主事。他为人正直不阿,与黄道周、沈方、沈铨等人志气相投。后

五星聚奎坊(芗城市区)

外迁浙江布政使司、宁绍巡海道,洁己爱民,兴利除弊。清军入关,明宗室逃至南方,卢若腾任隆武朝浙东巡抚,驻温州督师北伐,并以族弟卢若骥为游击将军。守盘山关为蕃卫。黄道周北伐被俘,不屈牺牲,清军逼近温州,卢若腾坚守不降。清军破城,他在巷战中背中三箭,被靖海营水师所救。回到福建后,他和郭大河、傅象晋等人在长泰举兵不利,退居金门岛。永历朝任兵部尚书,于顺治四年(永历元年,1647年)投靠郑成功,被奉为上宾,常被咨以军国大事。卢若骥则继续血战闽粤间,屡著劳绩。卢若腾、若骥兄弟还与万姓集团、天地会有密切的关系。顺治五年(1648年)十一月,卢若腾与丘建会、万礼攻打平和县城。万礼原名张要(一说张耍),平和小溪人。明崇祯间百姓饱受剥削,众人谋结同心,以万为姓,万礼为首领。顺治十年(永历七年,1653年),卢若骥为诏安长林寺开山住持僧道宗书"化莲堂"匾。道宗在万氏集团中排行第五,又称万五,被天地会奉为祖师,他创建的长林寺是天地会的起源地。卢若腾曾与长林寺僧达宗有诗文往来,有研究者结合多方信息,推测达宗就是道宗。如今,坐落于金门金城镇的卢若腾故居及墓园仍保存完好。

墨溪卢氏才俊辈出,为其而立的牌坊亦为数不少。《墨溪卢氏族谱》的《历代坊表匾音存式》一共记载了31座牌坊,比府县志记载的多出二十余座。前文提及的"少牧"石匾,是漳州知府詹莹、同知张远、通判向荣于明嘉靖六年(1527年),为明正德七年(1512年)龙溪学贡生许州同知卢谦立的牌坊的题字匾。该坊表不见于府县志及族谱,所幸留存残件,可作弥补。

今将府县志中记载的卢氏裔孙坊表一一列出,以供了解:

甲第传芳坊,为知县卢遂、按察使卢

唐勋递铁券石刻(芗城墨溪村)

岐嶷立（长泰县）。

登云坊，为戴同吉、卢遂立（长泰县）。

春卿世德凤池承恩坊，为吏部员外卢潭、子训导卢琅，封中书舍人卢表、子中书卢谭立（芗城区）。

五星聚奎坊，为尚书朱天球、林士章、戴耀，侍郎卢维祯、石应岳立（芗城区）。

司空三锡坊，为赠封二代侍郎卢维祯立（漳浦县）。

天官坊，为吏部文选司郎中卢维祯立（漳浦县）。

清囊筹国坊，明万历间为户部郎中卢硕立（芗城区）。

（四）小结

在收集、整理开漳史料，进行田野调查的过程中，我们发现开漳圣王文化是一种相当复杂的文化现象，是历史文化、血缘文化和信仰的有机结合。如果我们只从其中一个方面探讨开漳文化，便可能得出片面的结论，从而影响对整个文化的正确认识。就史料来说，国史方志的记载固然十分重要，但是来自民间的族谱和口述历史也不容忽视。不该因为后者有错误之处，就彻底否定它们的史料价值。

墨溪社和桥头社有着千余年的历史，是如今芗城地区已知的年代最古老的村落。卢氏和戴氏两个宗族的历史与漳州的历史同样漫长。他们的先祖随陈政、陈元光入闽平乱、开漳建州，此后裔孙迁居墨场，繁衍生息。其宗族迁徙的历史，就是漳州早期历史的微观体现，有助于进一步深化对漳州早期历史的认知。我们也试图将这种由大及小，再由小及大的研究方法用于其他的开漳姓氏，尽可能地拨开历史的迷雾，使开漳历史的图像可以更加清晰、明了。

十、辅郡双雄　马李二将

唐总章二年（669年）至垂拱二年（686年）之间，陈政、陈元光父子前赴后继，筚路蓝缕，平乱开漳，陈元光文韬武略，膺任首任漳州刺史。建漳大业刚就，陈元光为国捐躯，受到官绅兵民广泛的怀念和景仰，被尊奉为开漳圣王，崇祀开漳圣王的庙宇遍布闽粤和台湾岛三地。不仅如此，在开漳建漳中功绩卓著的干将，也受到后人的膜拜，其中杰出者是马仁、李伯瑶，世称马李二将军。在民间，供奉马仁和李伯瑶的庙宇历史悠久，分布广泛，与开漳圣王庙宇组成庞大的开漳信仰文化系列庙宇。

据清康熙《漳州府志》载："至今漳人祀元光者，必以伯瑶及马仁配，或为专庙祀之。论曰：马仁、伯瑶，同为开漳名将，佐陈氏父子，宣力效忠，世祀于漳，《记》所谓以劳定国者与！元光疏荐部曲干略，首马仁，伯瑶次之。"众多的开漳圣王系列庙宇中的设置和题联，都清清楚楚地印证了方志的记述。

芗城新桥威惠庙正殿金柱楹联："立庙二百馀年合之北东三圣庙，从军五十八姓配以马李两将军。"厦门海沧林东（原属海澄县）威惠庙存有三通清碑，碑文首语皆是："我族威惠庙，祀唐开漳圣王暨马、李二将军，创自有宋。"云霄云陵威惠庙，主祀开漳圣王，左右配祀马仁、李伯瑶，左龛匾题"辅顺将军"，楹联为："干略克胜司马职，威灵丕著右鹰扬。"右龛横匾题"辅胜将军"，楹联是："竖柳为营操胜算，断鹅平洞扫妖氛。"

（一）辅顺将军马仁

马仁将军，唐总章二年（669年），随陈政、陈元光父子入闽平乱，当时入闽将士123名，府兵3600人。将士分前锋、分营将、军谋祭酒、队正、火长五个梯次，马仁居分营将之首位。马仁领玉铃卫校尉之职，紧随在陈政、陈元光父子身旁，鞍前马后克尽职守。建漳后，任

芗城新桥威惠庙楹联

林东威惠庙碑（翔安林东村）

漳州司马。景云二年（711年），蛮獠残余蓝奉高率众偷袭唐军领地，马仁跟随陈元光轻骑急驰岳山，奋勇拦敌，因援兵未至，陈元光、马仁双双阵亡。百姓闻讯，如丧考妣，立庙祀之。宋绍兴年间，追封马仁为辅顺将军，祀奉马仁的庙宇，一般称辅顺将军庙或马公庙，其数量之多、分布之广，仅次于威惠庙。

马仁随唐军入闽平乱，落籍漳州，后裔散居今华安、漳浦、东山等地。据《漳州府志》载："岳山之役，马仁从元光并及于难。顾其子姓，多不可考，传纪缺焉。"马仁功绩彪炳，其后裔情况记载缺失，令人抱憾。但仍可从族谱的零星记录中搜寻到马仁后裔的蛛丝马迹，据诏安县四都镇马厝社《李氏族谱》记录："马厝李氏族人之先祖，原是开漳圣王陈元光先锋将（应为分营将）马仁之裔孙，名马骅、马骝，开基四都马埔山，建有马家寨。南宋景炎三年（1278年），帝昺南逃广东，路过诏安，马家寨马骝与宋皇室有姻亲关系，便聚集马家青壮，运粮万石，加入文天祥率领的抗元武装，队伍在广东海陆丰失利，马家子弟为宋朝尽忠殉国。马骝有一子名广楠，寄养在姑母家，为避元兵追杀，

辅胜将军神龛（云霄威惠庙）

民主里马公庙（芗城市区）

随姑父姓，改姓李氏。李广楠依然在马厝城重振家业，繁衍李氏子孙，后裔分布马城、外埠、四都、城楼四个村庄。

马厝城的故事并非个例，龙海市榜山镇榜山村万松关下，有一自然村名下马社，原为马姓聚居地，现下马社仍居住几户马姓人家。传说下马社毗邻的马崎村，地处柳营江畔，原是唐军马仁后裔屯居地，因此两地名字都冠以马字。方志记载也好，族谱记录也好，传说也好，无论如何，仅漳州一带，以马冠名的地名不少，且历史悠久，典故丰富。上述的地名如还不足令人信服曾是马仁将军后裔的聚居地的话，那么，南靖县金山镇马公村，则是不能不让人相信曾有马仁后裔聚居的历史事实。

据南靖《璧溪吴氏宗谱》前言："六百多年前，璧溪原是一个多姓杂居的村庄，以陈氏、马氏为主，后来因兵荒马乱等诸多因素，其他姓氏居民纷纷逃荒外地。"璧溪、虎峰两个自然村，均隶属于马公行政村，马公村内有马公庙，主祀马仁。虎峰村中有威惠庙，主祀陈元光，配祀马仁、李伯瑶。这些开漳圣王系列庙宇，都是

马公庙（南靖马公村）

参兴宫（龙文西洋村）

原住民开创的，也就是说，马公村内有马公庙，虎峰村中有威惠庙，是陈氏和马氏族人建立的。这支陈氏族群，应为陈元光后裔；同样，马氏族群，应是马仁后裔，将帅后裔毗邻而居，合情合理。后来的吴氏族人照旧供奉祭拜，并沿袭古老的习俗。每年岁末，虎峰村周边村庄信众，都要抬着本村的神像到虎峰威惠庙朝拜，虎峰村村老会在村口迎接，双方以甥舅之礼相待。这是"贡王"遗俗的真实再现，据清康熙《诏安县志》记载："端午日……其日，唐将军裨将祀于诏者，社中人鼓吹具仪，各导其神觐于将军之庙，谓之贡王。"贡王之仪原意是裨将向主帅行觐见之礼，经过世代传承，不同地方融入当地世情民俗，形成了各具特色的信仰习俗，马公村的迎神仪式就是其中之一。无独有偶，与马公村毗邻的金山村，有一古庙名千家宫，供奉的主神正是辅顺将军马仁，每年九月半，千家宫举行盛大的九月半埔庆典，全金山镇方圆几十个村庄的信众陆续聚集到千家宫朝拜辅顺将军马仁。在长达半个月的时间内，千家宫前，同时上演四台地方戏，

千家宫（南靖金山村）

从表面上看，没有明显的痕迹，但并不是消失得无影无踪，只要细心查证，还是有迹可循的。

（二）辅胜将军李伯瑶

李伯瑶，总章二年（669年）从陈政出镇泉潮间，为分营将，位居马仁之后。李伯瑶擅用计谋，当年唐军进入九龙江受阻，李伯瑶见形势不利，便沿江竖柳木为营，佯若不进攻，以骄兵之计，诱敌来犯，使其失去有利地形，再突击获胜。曾出奇兵凿断鹅头山，智取娘子洞，悉平盘

云英庙（龙文篁卿村）

台上演员斗戏，台下戏迷喝彩助阵。广场上美食琳琅满目，鞭炮声锣鼓乐响成一片。金山村张灯结彩，堪比夜景工程。金山九月半埔，其实就是辅顺将军马仁的祭祀节，其热闹景象和持续时间都超过春节。

虎峰村有威惠庙、马公村有马公庙，金山村千家宫祀辅顺将军马仁，这一系列的现象绝非偶然，这和璧溪吴氏宗谱所言"陈、马为主"的原居民有必然的联系。也就是说，马仁的后裔，确实存在，散居在漳州各地，只是由于种种原因，

李伯瑶神龛（云霄威惠庙）

李伯瑶墓（芗城渡东村）

陀岭一带三十六寨，在同时诸将所立战功中，伯瑶位居第一。宋绍兴年间，李伯瑶受封辅胜将军，漳民立庙崇祀。在开漳圣王庙中，必定以李伯瑶、马仁作为配祀。诏安南诏镇北门边有李伯瑶祠，龙文郭坑镇篁卿村云英庙，供奉李伯瑶神祇，像这样李伯瑶的专庙，并不少见。还有众多的辅胜将军庙。

李伯瑶传有十三个儿子，均以军功授团练使，分守八闽大地，其后裔遍布闽粤两省，并远播至台湾和海外。漳州本地聚居在云霄、诏安、龙文、芗城、华安等地。

李伯瑶十三子分别是：荙汝、莿汝、莛汝、苕汝、董汝、芏汝、蒔汝、著汝、英汝、葉汝、蓮汝、蒼汝、菁汝。据《珠山李氏族谱》记载，李伯瑶嫡长一脉传衍世系如下：李伯瑶—荙汝—判家—天祐—知杂—弥高—问—思成—鹗—绛—享伯—荣桂—建忠—可行—伯时—仲儒—怀义。怀义为李伯瑶十七世孙，时已是北宋，开基扶摇村，后代创建李氏宗祠瞻依堂，现李氏族人聚居在扶摇村珠山社。

辅顺将军大祭坛（南靖金山村）

（三）马李二将护主魂

唐贞元二年（786年），时任漳州刺史为陈元光曾孙陈谟，漳州州治从漳浦迁龙溪桂林村（今芗城）。开漳各姓氏族群陆续迁入龙溪，环绕郡城聚居。之后，陈元光墓迁入郡城北郊浦南石鼓山。开漳部将的坟墓也随之迁入，并围绕陈元光墓而安置。以陈元光墓为中心，北边两岸分布李伯瑶墓、林孔著墓和许天正墓，南边则有辅顺将军庙和辅胜将军庙分别坐落在北溪两岸，守护着主帅陈元光墓。这两座庙是西洋村大庵，主祀辅顺将军马仁，与溪对岸的篁卿云英庙（李伯瑶专庙），一左一右，拱卫着陈元光墓，一如生前出阵，马李二将军在阵前开道，随时护卫主帅。

今天我们所能看到的和感知的，仅是历史长河中残留下的星星点点的表象，尽管如此，从中不难想象，先贤这一系列的谋篇布局，鸿篇巨制，是颇费一番苦心的，当年整体规模应超乎我们的想象。尽管这只是我们的主观揣测，但眼前的现状，这么机缘巧合，合乎情理，很难想象会是偶然形成或是巧合而成。

马李二将军，奉命平乱，战功赫赫。开漳守漳，克尽职守，鞠躬尽瘁，令人景仰。后人立庙，广泛崇拜，天经地义。马李两将军的专庙成为开漳圣王庙宇系列的重要组成部分，理所当然。开漳英灵由此得以长放光芒，开漳文化也因此历久弥新。

金山村九月半埔民俗节（南靖金山村）

十一、墨溪文星耀千年

唐总章二年（669年），戴伯岳、戴元理随陈政、陈元光入闽。入漳后，戴元理驻军云霄乌石山，永隆元年（680年）移镇漳浦，戴君胄为戴元理之子，娶陈元光之女陈怀金，辅佐陈元光后代开发闽南、建设漳州。

在火田镇七里铺村碧云峰下，有一座郡马亭。亭内立有一通两米余高的墓道碑，上镌"唐铃辖司崇仪使郡马副元帅兼竭忠辅国大将军赐谥武毅肃庵君胄戴公暨配柔徽克济益恭弼德夫人陈氏墓道"等字。戴君胄是陈元光的女婿，夫人是陈元光的三女陈怀金，因此被称作郡马。他与夫人陈怀金的合葬墓就在碧云峰中。

根据方志和戴氏族谱的记载，戴氏的开漳始祖是戴伯岳。戴伯岳之子戴元理于唐总章二年，跟随陈政入闽平乱，任府兵校尉。建漳后，戴元理遂居于漳州。戴元理之子戴伯岳是开漳戴氏三世祖，与陈怀金同年出生，两人育有三子，长克纯，次克绍，三克统。戴克绍与戴克统世居漳州。戴克纯之子永明于贞元二年（786年）随州治变更，徙居龙溪墨溪，与陈元光的另一位女婿卢伯道的后裔同居一处。开漳戴氏是漳州戴氏的主要派系，分布于漳州各

郡马亭（云霄火田村）

郡马碑

墨溪（芗城墨溪村）

地。在省内，分布于泉州、汀州、厦门、福州、江宁等地。在省外，则有广东、广西、浙江、台湾等。

开漳戴氏与陈元光家族关系密切，族人间的婚配一直延续到宋代。三世戴君胄与陈元光三女结婚。七世戴秉纲之女与陈元光六世孙子仪结婚。十世戴文达与陈元光七世女孙睦珠结婚。十四世戴公派与陈元光十二世孙天福次女结婚。十七世戴栢台与陈元光十四世孙昌且之女结婚。二十二世戴宽饶与陈元光二十世恩卿之女结婚。可见开漳戴氏唐宋时期与开漳陈氏保持着较为紧密的联系，且将陈氏视作望族，所以特意记录下与开漳陈氏族人的婚姻。

墨溪戴氏有千余年的历史，宗族内文风昌盛，中科举者极多。据当地人说，墨溪戴氏大宗外的石埕上原本树满了旗杆石，是戴氏一族人才代出的象征。民间还因此衍生出了一个有趣的传说。相传因读书人多，学子在村中小溪洗笔砚，将溪水染成黑色，故称墨溪。虽然此说与墨溪这一地名的形成无关，但却可以反映当时墨溪戴氏勤奋好学的优良家风。如今，在戴氏大宗门前尚存有两对旗杆石和戴氏历代功名录的石碑残件。通过考证戴氏历代功名录碑与族谱、地方志等资料，自宋代至今，族中才俊层出不穷，不胜枚

戴氏大宗（芗城墨溪村）

墨溪古寨（芗城墨溪村）

戴氏大宗追远堂

举。因篇幅有限，在此只略谈其中数位较为著名的先贤。

宋代第一位考得功名的是戴瑜，长泰人，熙宁六年（1073年）特奏名，任程乡知县。此后，龙溪人戴天泽于大观三年（1109年）考中进士，漳州府城内因其登第而建移忠坊（后废）。戴天泽之弟天秩为宋政和二年（1112年）特奏名。戴天泽之子良臣因遗泽补录事参军，孙觉为绍兴五年（1135年）进士，曾孙开为绍定二年（1229年）进士。一门三进士，在当时是少有的。

祖孙执法坊（长泰武安镇）

元代，学识渊博的戴氏族人大多清隐不仕，直至明朝定鼎后才踏上仕途。明初，有戴从吉于洪武四年（1371年）荐辟，官常德教授；戴仲华于洪武八年（1375年）以贤良荐，官刑部郎中；戴泰一以茂才荐，永乐元年（1403年）授和州知州，明正德《大明漳州府志》称其"清白有为"。

明代时，戴氏中科举者极多，府志称"漳戴氏世以科目显"，其中较为著名的有：

戴骥，龙溪人，永乐二十一年（1423年）举人，官至监察御史。任职中廉洁有为，造福地方。他"奉敕巡按浙江等处，课银一毫不取，且礼学校，恤民隐，革奸邪，举廉能，抗课无所出，或银课有负欠者，皆奏免，活浙民何啻万千"。后卒于任，浙民如丧父母，士大夫为其含哀设祭。

戴曜，龙溪人，景泰元年（1450年）举人，官凤阳同知，因抚赈有声，升任知府。

墨溪村郡马亭

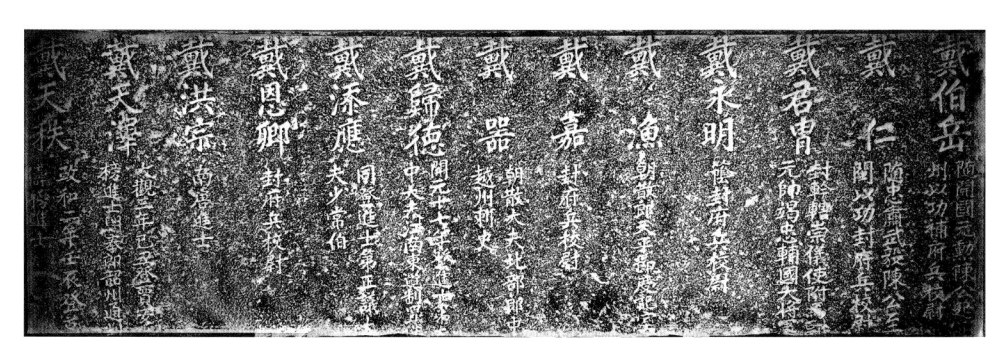

戴氏族人功名录（宋）（芗城墨溪村）

戴和，龙溪人，景泰七年（1456年）举人，官两浙盐运使司判官，为官有清操，卒于官。戴氏族谱记载了戴和的一则趣闻。戴和年幼时在庙中游戏，正巧遇见官员入庙避雨。众人连忙散开，只有戴和因为喜欢官员的鹤扇而不愿离去。官员见状便有意逗他，要戴和与他对诗，如果对上了，就将扇子送给戴和。官员道："云飞电闪，雷震一声风送雨。"戴和对诗："日落霞铺，星明茂点月升天。"官员惊奇于戴和的聪慧，又到县城内买纸笔给他。

戴以让，龙溪人，明万历二十九年（1601年）进士，官温州知府。戴以让颇有才干，所到之处皆有政声。他到温州时，百姓刚被倭寇蹂躏，"民多嗷嗷"。戴以让"抚循备至"，温州人民感念他的德政，立祠祀奉。戴以让致仕归家后，建宗祠，置祀田、书田，和宗睦族，为族人读书提供方便。

在长泰，戴氏也因科举而成为地方望族。自戴昀考中成化十年（1474年）举人起，族人多得科名的盛况一直绵延至清代，可谓簪缨世族。

戴昀，成化十年（1474年）举人，官乐清知县，性侃直，不屈承上意，为政宽厚。后以子时宗贵，封吏部主事，赠太仆寺卿，祀长泰县乡贤祠。府志称："子时宗，孙渊，曾孙廷槐、廷采、廷朴，玄孙燿、熺、燦、燏，云孙壎，族孙绅，相继登明经进士第，簪缨之盛，无与比。时宗、廷槐、燿、熺、燦有传。"

戴时宗，字宗道，正德九年（1514年）进士，初任刑部主事，官至都察院左佥都御史，为官刚正敢言，执法不贷，有惠政。府志称其"少负经纶才，老而愈练，所至皆有恩于

戴氏族人功名录（明）（芗城墨溪村）

民。精听断，吏不敢欺"。著有《朽庵存稿》。祀漳州府乡贤祠，长泰县乡贤祠、忠孝祠。

戴廷槐，戴昀曾孙，隆庆二年（1568年）恩贡，官淳安令。戴廷槐自年少时便博览群书，理解颇深，时人多称其文才，不以自喜。与林希元、蔡烈为忘年。著有《就正文略》《制锦堂集》《樵谈集》《易学举隅》等。

戴燿，戴昀玄孙，隆庆二年（1568年）进士，官至兵部尚书，总督两广，加太子少保。他总督两广十三年，宽猛相济，民力得舒，贪官污吏闻风辞职，军队训练有素、军纪肃然，有平府江之徭、歼南黎之丑、解川湖之急等功绩。他为人清正自持，不得权贵欢心。府志称他"性质宏毅而慈祥恪谨。在制府十三年，未尝轻戮一人"。戴燿子戴熿为万历四十四年（1616年）进士，官户部员外，亦有政绩。

戴燝，戴昀玄孙，万历十四年（1586年）进士，官御史、四川按察使。他自幼聪颖，稍长爱好古文词，与计部王一范，孝廉王协梦、王从鹏以及从弟熺读书东山，号"东山五友"，为"玹云十三子"之一。他因历官孤立无附，得罪权贵，而担任松潘参议。松潘为古氏羌地，当地土著首领时有动作。戴燝到任后，一方面加强军事，另一方面与土著恩信交好，使地区局势平稳。随后改任宪副，移镇成都，又发生"奢酋之变"，督臣被杀，危及成都。戴燝抱病指挥，因功升四川按察使，卒于官。著有诗文集行世。

戴熺，戴昀玄孙，万历三十五年（1607年）进士，官广东右布政使。戴熺自小受到良好的教育，为官后，善于剖案，判决积年冤案，廷论称平。他出任端州知府，不收财物。因宋代名臣包拯也曾在端州做官，他便访求其遗迹，修缮祠宇，编印包拯所著《奏议》若干卷，并且说："吾师也。"端州大水，戴熺亲自登上城墙，"编木为筏，下令活一人者赉一金"，又焚香祷拜。洪水退去，他立刻巡视受

墨溪村郡马碑

灾状况，及时组织赈灾。百姓感动地称他为包拯再世，并且集资铸像于包拯祠后。

除了以上数人外，戴昀家族中得进士、举人功名者不再赘述。降至清代，其后裔仍颇为出色。戴时宗玄孙戴玑为其中最著名者。戴玑为清顺治六年（1649年）进士，官吏部主事，升广西柳州参议。

对于戴昀家族的荣耀历史，清光绪《漳州府志》有一段精彩的评述。府志的编撰者认为与其将戴昀及其后裔的科甲传芳归功于风水之说，不如说是重视文化、道德教育，形成了优良家风的结果。而这一认识，在今天也依然具有现实意义，在此节录此述，以供思考。

论曰：若游大川，先沂其源。戴氏至时宗始大显于时，良由乃祖皥庵，孝亲爱弟，敦善不怠，垂裕后昆。子昀能绳父志，起家县令，忠信子惠。夫火宿而愈旺，木培而愈荣。于是廷槐经华藻耀，声实懋美。燿、燦、熹诸贤同时登朝，方州雄藩，名都重镇，交罗荣戟，对秉旄钺，各展硕抱，为国屏翰，不显亦世，可谓盛矣。或以皥素精形家书，归功于地灵。夫惟岳降神，载于雅诗，非诞谩也。然生甫及申，将以锡福斯民，岂但一家之庆誉而已乎？舍德而论艺，去本而求末，是颛蒙之论也。

戴氏功名牌坊匾（芗城墨溪村）

十二、尊崇开漳文化的白石丁氏

白石丁氏，与开漳文化关系非同一般。据《白石丁氏古谱》记载，始祖丁儒随岳父诸卫将军曾镇府于唐麟德元年（664年）镇闽。总章二年（669年），陈政、陈元光率军入闽平乱，接替曾镇府之职。丁儒先后辅佐陈政、陈元光开漳建州，为开漳功臣之一。

现存最早提及丁儒事迹的文章是古谱收录的释褐状元黄思永于元初所作的《江东丁氏世谱序》。而首部引用古谱，述及丁儒事迹的地方志是明万历癸丑《漳州府志》，将其录于卷三十一"古迹"的"柳营江"条下。稍晚几年编成的《闽书》还为丁儒立传。此后的地方志书多沿此说。丁儒就这么被纳入了官方修撰的开漳历史之中。

对于丁儒及其家族的来历，学界有不同的看法。有人认为丁儒事迹是后人伪造。还有人认为白石丁氏是穆斯林家族。事情的真相究竟是什么呢？

（一）丁儒事迹真伪及其年代

1.丁儒事迹的四点问题

（1）古谱所载丁儒事迹为孤证。自万历癸丑《漳州府志》以来，地方志书都是采用古谱的记载，没有其他来源的史料可以相互佐证。而记载开漳事迹特详的《俊美陈氏族谱》和《颍川陈氏开漳族谱》两本陈氏古谱也不曾提及丁儒。

（2）古谱记载的世系传承不符合修谱惯例。谱载一世祖丁儒于唐麟德元年（664年）入闽，景云元年（710）年病逝。此后的世系人物，古谱不载生卒年份，直至十二世丁惠开才有确切的记录。丁惠开生于南宋淳祐十年（1250年），卒于元泰定二年（1325年）。据此计算，从丁儒到丁惠开，平均每世竟然相隔约有50年之久，显然有误。若以平均每世相隔25年或30年计算，自丁惠开倒推，则丁儒应为五代或宋初人。

（3）古谱称垂拱二年（686年）建漳，陈元光任漳州刺史，丁儒"以左承事郎佐郡参理州事"。据职官史，唐代无承事郎一职，宋代始置，为文散官名。族谱称丁儒为九承事郎，犯了历史知识的错误，透露出或是丁儒为五代末宋初时人，或是该官职为后人赋予始祖的真实信息。

（4）丁儒的《冬日到泉郡进次九龙江与诸公唱和十三韵》和《归闲二十韵诗》的内容与初唐气象不合。傅宗文教授的《丁儒龙溪诗篇与宋代漳州平原》一文，从"闽南史地背景"和"农作物栽培历史"两方面进行考证，推断诗歌为宋诗，作者为宋人。他认为诗歌可能是由四世丁祖依据童年时父辈口述的"依稀记忆"，刻于家庙，"所以虽然打着丁儒的名号，写出来的却是

丁厝家庙（龙海丁厝村）

《丁氏古谱》

二首脚踏宋初漳州平原实地的诗篇"。

2.丁儒所处的年代

要确定丁儒所处的年代，关键在于三世丁迁在六十六岁时作的《遗嘱歌词二十韵》。其全文如下：

自从端午始生迁，壬戌周回又六年。
款款歌词为儿嘱，多财惟有善施贤。
计吾积有百千贯，买进乡邑许多田。
远近庄田稍陆续，六百省贯设斋筵。
平分给与三男去，自家发善结因缘。
开山有寺藏十佛，罗汉尊容造半千。
俨俨金身三五座，天王十位分两边。
宝幢金钟犹小费，荧荧玉烛空中悬。
桥井结成五六处，给葬贫人有义阡。
诸方寺宇皆从事，十二生斋果周全。
前来薄绩聊堪叙，七翁坟墓剩烧笺。
汝曹业产不为少，此后何须充拓焉。
纷华侈靡都闲事，不恤贫民枉费钱。
此自餐馀多屑越，彼何桴腹欲颠连。
此自昼暖夸文锦，彼何夜雪寝无棉。
最苦宫中充户役，妻儿对泣无行缠。
又有抛家征远戍，玉关嘉峪何时还。
随时感触行方便，宁忍同生造化偏。
子孙若坠七翁志，不合人间与龙天。
殷勤作此歌声切，图作儿孙继世传。

丁迁作诗后，其子丁祖记录诗篇，并作叙述。次年丁迁逝世。古谱载："迨宋仁宗朝，吴真君（吴真人原名夲，后世称'保生大帝'）以通家善书，为吾舍再录此颂及叙于祠堂，为世守芳规。其榜末题云：'天圣五年腊月吉日，泉礁江濮阳布叟吴夲谨奉命拜书。'"修谱的丁氏后裔认为丁迁是晚唐初宋时人，故而记载吴夲是在后世第二次抄录诗文及叙述。但是通过对诗文的分析，可以断定此诗作于宋天圣五年（1027年），为宋诗。吴夲录诗，应该是受丁迁、丁祖父子的委托。其依据有以下两点：

（1）"省贯"与"省陌"关系密切。据陈明光教授《"短陌"与"省陌"管见》的分析，"省陌"一词出现于宋代。宋人较早使用该词的著作有司马光《资治通鉴》和欧阳修《归田录》。"陌"通"百"，根据省陌制度，七十七文为一陌钱。依此类推，一省贯就是七百七十文。"省贯"出现的时间大约与"省陌"同时，也是北宋才开始使用的词汇，使用它的遗嘱诗也应该作于北宋。

（2）诗中描述了士兵告别家人，远戍玉

丁厝家庙匾

门关、嘉峪关的场景。宋仁宗明道元年（1032年），西北地区的元昊继位党项族首领，先后攻占瓜州、沙州、肃州。宋仁宗宝元元年（1038年），元昊称帝，国号大夏，史称西夏。宋朝失去对玉门关和嘉峪关的控制。以此推断，丁迁诗作于西夏国建立之前。

根据以上两方面的分析，可以初步判断丁迁之诗作于北宋初年，丁迁为宋人。结合吴夲的落款，可知天圣五年（1027年）时，丁迁66岁。古人以虚岁计算年龄，丁迁周岁是65岁。而65年前，正是北宋建隆三年（962年），恰恰是壬戌年，与遗嘱诗的内容相符。依此推算，一世祖丁儒大约出生于唐末五代初。唐末五代，闽国比中原地区安定，大批中原人民入闽避乱，丁儒应该也是其中的一员。

（二）白石丁氏不是穆斯林家族

族谱记载丁儒的先辈是济阳人，后徙居光州固始。然而闽人称祖多言光州固始，丁儒是否来自光州固始，今不可考。当从《归闲二十韵》中"于兹缔六亲""浑忘越与秦"等诗句看，他应该是在青年时期自中原入闽，定居漳州，与曾氏结婚生子。

有观点认为，白石丁氏是穆斯林家族。但支撑这个观点的论据稍显不足。

（1）没有确凿的证据证明丁儒与穆斯林有关。

（2）从三世丁迁起，数代人都有信奉佛教的记录。从《遗嘱歌词二十韵》可以看出，丁迁对佛教的信仰十分虔诚，设斋筵，建寺院，广作善事以积攒功德。其子丁祚、丁礼、丁祖继承先父的宗教信仰，"设无祀鬼神坛，岁有普度"。"无祀鬼神"就是无人祭祀的孤魂野鬼。《明史》卷五十："泰厉坛祭无祀鬼神。"据明正德《大明漳州府志》卷十一，主祭官祭祀厉坛的祷文中有"今某等不敢有违，谨于某年某月某日于城北设坛，置备牲醴、羹饭，享祭本府无祀鬼神等众"之语。丁祚兄弟所作的普度应该是农历七月十五的盂兰盆会。清康熙《漳州府志》卷二十六："七月半，作盂兰会，延僧设食，祀无祀之鬼。"五世丁愸及其子丁敬叔乐善好施。谱载："即各处僧尼，每岁朔望，辄为之颂述，荐其功德。"明万历初年，有人掘出丁愸的墓志铭，其内容有"称公设厉祀，赈穷民"。可见宋代的白石丁氏有信佛的传统。如果丁儒是穆斯林，很难想象只经过几十年，他的孙子便转投佛教，且

《丁氏古谱》

十分虔信。

（3）石筑坟墓不是穆斯林的专利，应该注意"石筑"与"石盖"的区别。漳州民间常称伊斯兰风格的穆斯林坟墓为"石盖墓"。谱载丁儒与妻子曾三娘合葬丁坑源，坟墓为"石筑"。有人将此理解为伊斯兰教的葬俗，但是汉族坟墓也会采用石筑的形式。清康熙《漳州府志》卷二十六："葬择地其山叠多风，患水蚁，必以灰。俗多侈，富者筑以石，贵者树华表及翁仲五兽之属。"丁儒墓为石筑，可见当时白石丁氏家族颇为富有，与丁迁遗嘱诗描述的购置大量田地的状况吻合。其次，族谱中明确记载墓葬有云捧月图案的是十二世丁惠开的妻子刘氏及其次子丁同寅之妻黄氏。这只能用作论证白石丁氏可能与穆斯林通婚，不能直接将白石丁氏视为穆斯林家族。况且族谱还记载丁同寅曾捐烝尝田给慈济亭作为香火。可见即使与穆斯林通婚，丁同寅信仰的仍然是佛教或是民间信仰。

（三）白石丁氏与开漳文化

1.丁氏后人虚构历史的原因

丁儒既然是唐末五代时人，比陈政、陈元光晚了两百多年，那么他辅佐开漳建漳的功绩显然为丁氏后人伪造。为什么丁氏裔孙要虚构出这么一段故事呢？究其根本，很可能是因为开漳文化的强大吸引力。陈政、陈元光率军入闽开漳，有开疆辟土之功，威望极高，受到世代漳州人民的敬仰。明《闽书》卷四十二陈酆传，记载陈酆就任漳州刺史时，"州人欢呼曰：'州主陈将军孙来矣'。""州主"是漳州人民对陈元光的尊称。有早期祀奉陈元光的

《丁氏古谱》

庙宇就被称为州主庙。

即使是建立闽国的王氏家族，也对陈政、陈元光抱着尊敬的态度。上苑王氏为王潮后人。《上苑王氏世谱》记载，任漳州刺史的王潮之子王延钅共"娶陈威惠王十世府君次女，讳梅，字碧心"。族谱特意注明陈氏的出身，说明开漳陈氏在五代时有着特殊的社会地位，为地方望族，王氏家族视与陈元光家族联姻为荣。此后，王继琼又在郡城兴建陈元光庙。明万历癸丑《漳州府志》卷三十三："高亭宫，在城西高亭山下。龙启二年，刺史王继琼为威惠庙。宋时萨真人上升于此，一名升仙宫。"据闽为王的王氏家族尚且如此，开漳陈氏在当时的影响力可想而知。白石丁氏通过依附开漳历史，把自己的始祖打扮成唐初的开漳功臣的行为，实质上反映了其夸耀门楣，试图提高家族地位的现实需要。这与后世诟病的闽人之祖多来自光州固始的现象有异曲同工之处。只不过丁儒入闽时间较早，唐代及五代时官方又没有修撰地方志，留下的历史文献极少，为丁氏后人虚构故事，将始祖与陈政、陈元光攀上关系提供了操作的可能性。

2.开漳圣王信仰深厚的群众基础

丁厝社周边的村社分布了不少陈元光及其部将的庙宇。族谱中对于这些祠庙的记载虽然

五社祠（龙海杨厝村）

《丁氏古谱》

记录于明清时期，与五代、宋代相距数百年，但仍然可以帮助我们了解当地开漳圣王信仰的大致状况。

丁厝社所属的杨厝村，有一座开漳圣王庙宇——赵山庙。赵山庙又名五社庵、十五社庵，主祀开漳圣王，现称陈元光纪念堂。从名字可以看出，它是一座由相邻村落的居民合力修建，共同祀奉的开漳圣王庙宇，其信众并不仅局限于开漳姓氏的后裔或是白石丁氏族人。庙口有王作人先生于1996年撰述的《重修赵山庙碑记》。据碑文内容，当地居民不知庙宇建于何时。王作人先生推测赵山庙至少有两百余

丁厝古井（元丰二年1079年）

年的历史。所幸《白石丁氏古谱》提供了一段关于赵山庙的重要信息。古谱记载十一世丁自得于宋端平二年（1235年），在前社建慈济宫三座，宫庙东畔建道士房。元至正二年（1342年），白石前五传社的民众想将赵山庙移到社中，请求白石丁氏将"道士房一带吉园地"给予社众建庙。谱载："上堂祀陈州主元光，堂前两庑盖东阁、西阁，祀诸司、马舍人配飨。"赵山庙是移址而非创建，它的创立时间

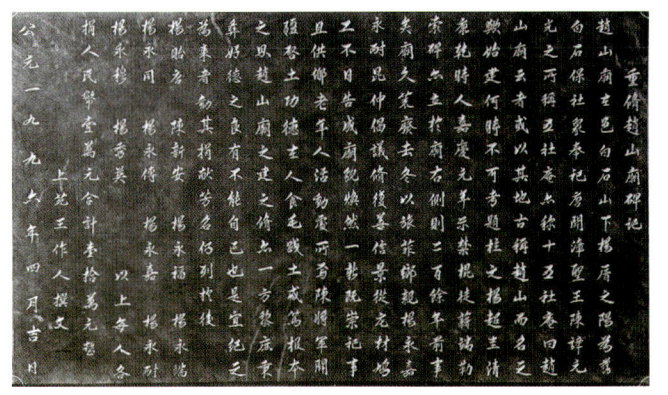

赵山庙碑（陈元光纪念堂）

必定早于至正二年，是一座历史悠久的开漳圣王庙宇。

除了赵山庙，族谱也提及了其他开漳圣王及部将庙宇的分布状况。谱载："时诸舍人劳于王事者殁，近乡多庙祀之。始祖墡赵舍人居象山福井间，今吾乡所祀者是。王舍人，石美是。马舍人、李舍人，左右皆是。陈将军庙，洪坑是。俱在本都中。"对舍人的信仰是民间信仰的一种，宋时在民间相当普遍。陈淳将它列为淫祀。他在《上傅寺丞论民间利病六条》中用否定的语气谈到："一般浮浪不检人托鬼神，图衣食，称庙中会首，每装土偶如将校衣冠，名曰'舍人'，或曰'太保'。"古谱记载的舍人庙多是开漳部将的庙宇。马、李舍人即是马仁和李伯瑶。二人合称"马李二将军"，常作为陈元光庙宇中的配祀。清康熙《漳州府志》卷十八："至今漳人祀元光者，必以伯瑶及马仁配，或为庙专祀之。"

从现存庙宇和记载可知，白石保一带民间崇祀陈元光及部将之风浓厚。这或许是促使丁氏后人伪造丁儒事迹的主要原因之一。且丁氏后人也确实以开漳功臣的后裔这一身份为荣。

（四）开漳文化是漳州人民共同的历史记忆

今人常指责族谱中多有造假，但简单的否定不足以解释这一行为背后的深层原因。白石丁氏在宋时为当地望族，即使不造伪，它的历史也十分值得称道。黄思永在《江东丁氏世谱序》写道："吾郡邑暨及邻属皆知丁氏之有

《丁氏古谱》

声于江东也，江东丁氏之有声于漳也，盖世泽在漳云。"白石丁氏族人所筑桥、井、路等公共设施，遍及乡里。仅仅十一世丁自得、十二世丁惠开、十三世丁同寅祖孙三代人，就创下了"所砌石桥四十道，大石井三十六口，砌石路十八条，至溪南十一都亦有勒字石衢中者"的惊人功绩。南宋淳熙年间，十世丁允元任潮州知州，修广济桥，在西岸增设四个石墩，连同原有的四个石墩，架设木梁，上覆桥屋，百姓称为"丁公桥"。而最著名的当属九世丁知几建造的官港。这项伟大的引水工程一直沿用至今，在当代被扩建为北溪引水工程左干渠的组成部分，可谓利在千秋。

白石丁氏，在九龙江北岸入海口（宋属海洋上、下里），拥有广袤的土地，并修造大量水利工程及许多基础设施。陆续迁来此地的族群，也享用了水利工程及基础设施的福利。这些后来的族群也包括开漳派杨氏一族（今杨厝）。即便如此，丁氏族人仍然认为拥有一位参与开漳历史的祖先，更能提高家族的名望。

这一方面是出于攀附心理，更重要的则是源于开漳文化在民间强大的影响力和感召力。开漳文化是历史文化、宗族文化和民间信仰文化的有机集合，是漳州人民共同的历史记忆。要谈论漳州建置的历史，总是要从总章二年，陈政、陈元光入闽说起。因此，像白石丁氏这样宁可伪造先祖事迹，以获得在当地的特殊地位，其隐藏在背后的文化心理，值得我们认真对待，深入探究。

乡贤祠（龙海丁厝村）

开漳史迹之古韵

一、自然风光之神韵
二、人文景观之风韵
三、民俗风情之文韵

  开漳是中华文明进程中不容忽略的史实，是中国历史不可或缺的组成部分。漳州的建立，巩固了大唐版图，维护了东南边陲的安宁。同时，漳州建立后，在原先士族南迁带入中原文明的基础上，中原先进的农耕技术和儒学文化更广泛更持续地传入东南沿海一带，并与闽越文化融合，形成富有特色的文化形态。本章从自然风光、人文景观、民俗风情三方面，撷取具有历史沧桑感的一些史迹，以生动、真实的画面，展现开漳文化的悠久、厚重与价值。

一、自然风光之神韵

漳州地处东南海滨，山、海、平原，样样具备，拥有福建省最大的平原，第二长的河流。丘陵地带有热带雨林，出海口有红树林。海滨拥有漫长逶迤的海岸线，海岸线上海湾、半岛众多，岛屿星罗棋布，还有火山熔岩地貌、花岗岩海蚀地貌，风光之美，令人神往。负有盛名的海湾有翡翠湾、马銮湾、镇海湾、江口湾；半岛有古雷半岛、六鳌半岛、梅岭半岛，岛屿有东山岛、浯屿岛、南澳岛（原为漳潮二州共管，现归潮州）；火山熔岩地貌有牛头山火山喷口和玄武岩地貌、江口火山熔岩地貌；花岗岩海蚀地貌有六鳌、古雷滨海海蚀地貌。

开漳史迹之古韵

漳州热带雨林

开漳史迹之古韵

镇海湾

开漳史迹之古韵

南碇岛

开漳史迹之古韵

漳江口红树林

开漳圣王文化撷英

开漳史迹之古韵

九龙江入海口

二、人文景观之风韵

在先秦时代，漳州为闽越族活动区域，采用刀耕火种的生产方式，随着中原文明传入，带来了修水利的先进农耕技术，使大片盐碱地改良成水稻田，大大提高了粮食产量，社会经济有质的飞跃。历代王朝都很重视水利这一富民工程，当年兴修的重大水利设施延用至今。形成富有闽南文化内涵的村落，并孕育出独具特色的民居、宗祠、宫庙等。

漳州位居东南沿海要冲，战略地位显著，历来是兵家瞩目之地。自开漳之初，唐军在太武山下设行台，驻兵巡防。历代王朝都在东南海疆驻兵设防，其防御设施遗留至今有明卫所城，还有明清时期民间建堡自卫的石寨土楼等。

开漳之初，陈珦应邀在松洲为士民讲学，传播儒家文化，此后，无论是官方还是民间，都坚持办学，书院社学相继兴起，人才辈出，有海滨邹鲁盛名。现松洲书院旧址尚存，还有分布于各地的书院、乡校旧址、遗址，都有迹可循。还有许多文祠、朱子祠的遗迹。

开漳史迹之古韵

仙字潭

官陂（古代官府修建的水利设施）

开漳史迹之古韵

漳州版筑民居

开漳圣王文化撷英

开漳史迹之古韵

庄上土楼

开漳圣王文化撷英

开漳史迹之古韵

葛竹村围屋

开漳史迹之古韵

洪坑村俯瞰

开漳圣王文化撷英

开漳史迹之古韵

塔下村张氏宗祠

开漳史迹之古韵

大地村玄天阁

开漳圣王文化撷英

开漳史迹之古韵

镇海卫——南门瓮城

开漳史迹之古韵

松洲书院

开漳史迹之古韵

漳州文庙

开漳史迹之古韵

黄道周讲学处

开漳史迹之古韵

天一总局

三、民俗风情之文韵

开漳之后，中原人口不断迁入，引进发先进的生产方式，也带来了儒家礼乐制度，形成了以中原文化为主基调，融合闽越习俗的生活风尚，这就是兼具中原礼乐精神和闽越海洋特质的生态文化。随着岁月的洗礼，具有鲜明特色的民俗风情大都沉淀在民间信仰的活动之中。

开漳史迹之古韵

疍民烧王船习俗

蛋民鼓乐旗舞

舆神巡境——大地村迎火节

抛张飞——程溪白叶村民俗活动

舆神巡水——梅林妈祖节民俗活动

开漳圣王文化撷英

龙狮舞——浦南巡尪庙会民俗活动

开漳圣王文化撷英

舆神蹈火——南靖靖城径里民俗活动

农家喜宴

开漳圣王文化撷英

开漳史迹之古韵

端午赛龙舟民俗活动

图书在版编目(CIP)数据

开漳圣王文化撷英/陈诠,江焕明,阎铭著.—厦门:厦门大学出版社,2018.8(2020.7 重印)
ISBN 978-7-5615-6932-0

I.①开⋯ Ⅱ.①陈⋯②江⋯③阎⋯ Ⅲ.①地方文化-文化研究-漳州 Ⅳ.①G127.573

中国版本图书馆 CIP 数据核字(2018)第 082786 号

出版发行	
社　　址	厦门市软件园二期望海路 39 号
邮政编码	361008
总 编 办	0592-2182177　0592-2181406(传真)
营销中心	0592-2184458　0592-2181365
网　　址	http://www.xmupress.com
邮　　箱	xmupress@126.com
印　　刷	福建桥南实业有限公司

开本	787 mm×1 092 mm　1/12
印张	20
字数	240 千字
版次	2018 年 8 月第 1 版
印次	2020 年 7 月第 2 次印刷
定价	96.00 元

本书如有印装质量问题请直接寄承印厂调换

厦门大学出版社
微信二维码

厦门大学出版社
微博二维码